Glauco Benigni

Die Schutzengel des Papstes

Glauco Benigni

Die Schutzengel des Papstes

Ein spannender Einblick in den Sicherheitsapparat des Vatikans

benno

Titel der Originalausgabe: Gli angeli custodi del papa

Übertragung aus dem Italienischen: Hermann J. Benning

Das Kapitel „Die Schutzengel nach Wojtyłas Tod“ wurde von Bernhard Hülsebusch 2005 verfasst.

Bibliografische Information Der Deutschen Bibliothek
Die Deutsche Bibliothek verzeichnet diese Publikation in der Deutschen Nationalbibliografie; detaillierte bibliografische Informationen sind im Internet über http://dnb.ddb.de abrufbar.

ISBN 3-7462-1877-2

Stammerstr. 11, 04159 Leipzig
www.st-benno.de

Umschlaggestaltung: Ulrike Vetter, Leipzig,
unter Verwendung eines Bildes von KNA
Gesamtherstellung: Arnold & Domnick, Leipzig

Inhalt

Vorwort

Dieses Buch vermittelt aus ganz unterschiedlichen Perspektiven Einblicke in das Thema Vatikan und Sicherheit, das meist eher im Hintergrund steht, zumal es von der Sache her mit gebotener Diskretion oder gar Geheimhaltung verbunden ist. Zeitlich ist der Bogen dabei von den Lateranverträgen 1929, durch die die nach dem Ende des Kirchenstaats 1870 entstandene Römische Frage geklärt wurde, bis heute gespannt. Die Päpste sind in dieser Zeit immer mehr ins Blickfeld der Weltöffentlichkeit gerückt. Dazu hat auch die rasante Entwicklung der Massenmedien – Presse, Rundfunk, Fernsehen und Internet – wesentlich beigetragen.

Die Medien können heute aktuell und live Nachrichten, Bilder, Informationen, aber auch Betroffenheit und Emotionen in jeden Winkel der Erde liefern. In zunehmenden Maße wurde und wird über vieles berichtet, was im Vatikan geschieht oder gesagt wird. Vor allem Papst Johannes Paul II. verstand die sozialen Kommunikationsmittel mit einer vor ihm nicht gekannten medialen Präsenz zu nutzen. Je mehr eine Person mit ihrem Bild und ihrer Botschaft in den Medien präsent ist, desto mehr Einflussmöglichkeiten hat sie, was leider auch negative Folgen für ihre persönliche Sicherheit haben kann. Was eine Person im Mittelpunkt des öffentlichen Interesses an Zustimmung oder Ablehnung auslöst, hat letztlich niemand unter Kontrolle – im Extremfall mit allen Konsequenzen! Auch deshalb hat sich das Sicherheitsproblem um den Papst und den Vatikan im Laufe der letzten Jahrzehnte enorm verschärft.

Offiziell gibt es derzeit keine konkreten Erkenntnisse über einen geplanten Terroranschlag auf Papst Benedikt XVI. und den Kleinstaat mitten in Italien, doch dass so etwas möglich wäre, weiß man spätestens seit dem Attentatsversuch auf Paul VI. in Manila und mit aller Deutlichkeit seit dem 13. Mai 1981, den Schüssen auf Papst Johannes Paul II. Nach 1981 gab es zahlreiche Attentatsversuche, Morddrohungen und zunehmend beunruhigendere Meldungen wichtiger Geheimdienste. Darüber ist in der Öffentlichkeit bisher wenig bekannt. Es ist sicher nicht übertrieben zu behaupten, dass Johannes Paul II. während seines langen Pontifikats mehr oder weniger ständig bedroht war und nicht selten in akuter Lebensgefahr schwebte. Der polnische Papst aber ließ sich in seiner Amtsführung und in seinem Wunsch, den Menschen stets ganz nahe zu sein und ihre Herzen für Christus und das Evangelium zu öffnen, von diesem Bedrohungsszenario nie beirren. Daneben ist auch zu würdigen, was er in all den Jahren durch sein Leben weltpolitisch an Dynamik auslöste, was wiederum Auswirkungen auf seine persönliche Sicherheit hatte.

Der Papst wird im Vatikan, bei den großen Zeremonien auf dem Petersplatz, während seiner Besuche in den römischen Pfarrgemeinden oder auf seinen Reisen von vielen „Schutzengeln" begleitet. Das sind professionelle Personenschützer und gründlich ausgebildete Sicherheitskräfte, die über Informationen von Nachrichtendiensten verfügen und bereit sind, im Ernstfall auch ihr eigenes Leben einzusetzen. In diesem Buch kommen zwei von ihnen ganz persönlich zu Wort und berichten von ihrer Arbeit und ihren Erfahrungen. Sie gewähren Einblicke, durch die verständlicher wird, welch menschliche Anspannung die Bereitschaft bedeutet, im Ernstfall das eigene Leben zu riskieren, um menschenmögliche Sicherheit zu gewährleisten. Wenn allerdings eine Menschenmenge von 100.000 Personen und mehr zusammenströmt, stoßen auch sie trotz aller modernen technischen Mittel und Strategien an ihre Grenzen.

Johannes Paul II. hat sich diesen seinen Schutzengeln anvertraut und ihnen dafür immer wieder ausdrücklich gedankt. Noch weit mehr aber sah er in seiner tiefen Gläubigkeit sein Leben in den Händen der Vorsehung Gottes und vertraute immer auf den besonderen Schutz der Gottesmutter: So hat man ihn nie beunruhigt oder gar ängstlich gesehen, obwohl es nicht selten dafür gute Gründe gab. Bereits während seines Aufenthalts in der Gemelli-Klinik nach dem Attentat im Mai 1981 vergab er dem „Bruder“, wie er ihn ganz bewusst nannte, der auf ihn geschossen hatte, besuchte ihn später im Gefängnis und sprach dort lange allein mit ihm. Vielleicht war Johannes Paul II. der Einzige, der die wirklichen Hintergründe dieser unglaublichen Tat erfahren hat.

Dieses Buch wurde für die deutsche Übersetzung durch einen redaktionellen Beitrag über weitere Entwicklungen in den letzten Jahren sowie über die Sicherheitsvorkehrungen aktualisiert, die nach dem Tode von Johannes Paul II. und beim feierlichen Requiem für ihn auf dem Petersplatz getroffen wurden. In den Apriltagen 2005 strömten aus diesem Anlass in Rom ca. vier Millionen Menschen aus allen Kontinenten zusammen, darunter über 200 Staatsoberhäupter und Regierungschefs. Auch zur Wahl von Papst Benedikt XVI. und seiner Amtseinführung wurden umfangreiche Sicherheitsmaßnahmen getroffen, über die informiert wird.

St. Benno-Verlag

Von den Lateranverträgen 1929 bis zum Attentat auf Paul VI.

Vom Ende des Kirchenstaats 1870 bis zur Unterzeichnung der Lateranverträge mit dem italienischen Staat am 11. Februar 1929 waren die Päpste sozusagen freiwillige Gefangene im Vatikan. Fünf Monate nach der Lösung der so genannten Römischen Frage durch die Wiederherstellung der Souveränität und Neugründung des Staates Vatikanstadt schickte sich der damalige Papst Pius XI. an, das nun sehr kleine vatikanische Staatsgebiet einmal zu verlassen.

So nahmen am 25. Juli 1929 16 Uhr 15.000 italienische Soldaten in Paradeuniform Aufstellung auf dem Petersplatz, darunter Vertreter aller Waffengattungen: die Carabinieri, das Heer mit Elitesoldaten, Infanterie und Artillerie, sowie Marine und Luftwaffe. Der Vatikan seinerseits zog für den Ehrendienst auf dem Petersplatz mit der Schweizer Garde in Brustharnischen und mit Hellebarden auf, ferner mit der Nobelgarde und der Palatin-Ehrengarde. Gegen 18 Uhr läuteten zunächst die Glocken des Petersdoms und dann aller Kirchen Roms. Es formierte sich eine imposante Prozession, der Gardisten und Posaunenbläser voranschritten und die sich mit dem Prunk früherer Jahrhunderte durchaus messen konnte: ein Chor, Mönche, mehrere tausend Seminaristen mit Kerzen, Priester, Schweizer Gardisten, Offiziere der päpstlichen Militärkorps und päpstliche Kämmerer; dahinter mehrere hundert Bischöfe und Kardinäle, denen die reich drapierte, von Stuhlträgern getragene Sedia gestatoria folgte. Darauf kniete der Papst und hielt die Monstranz gen Himmel. Und Menschen in der Menge riefen: „Er kommt ... er ist herausgekommen!"

Dank einer außerordentlich geschickten Diplomatie waren Konkordate mit mehreren Staaten im Norden und Osten Europas geschlossen worden. Zur Wahrung und Verteidigung kirchlicher Interessen war es auch zu Abkommen mit den diktatorischen Regierungen der damaligen Zeit (Hitler/Deutschland, Franco/Spanien, Mussolini/Italien, Dollfuß/Österreich, Salazar/Portugal und Horthy/Ungarn) gekommen. Pius XI. verschaffte durch weitsichtige Maßnahmen dem Papsttum erneut weltpolitische Bedeutung und zeigte sich als Oberhaupt einer religiösen Weltmacht, die allgegenwärtig war und über ein eindrucksvolles Netz von Missionen verfügte.

Spekulationen um den Tod Pius' XI.

Trotz einer offiziell versöhnlichen Haltung hatte Pius XI. sowohl den Kommunismus als auch den Faschismus und Nationalsozialismus mit gleichem Nachdruck scharf verurteilt. Im Jahre 1939 wollte er in einer längeren Rede die Rassenverfolgungen und das Wettrüsten für den Krieg anprangern. Doch die Rede blieb in der Schublade, denn er starb – offiziell an einem Herzinfarkt – in der Nacht vor jenem Tag, an dem er sie in der Öffentlichkeit halten und durch Radio Vatikan verbreiten lassen wollte. Diesen einflussreichen Sender hatte er selbst acht Jahre zuvor eingeweiht.

Sein Tod wurde als „ungewöhnlich und eigenartig" bezeichnet und führte zu wilden Spekulationen und Argwohn angesichts der Zufälligkeit der Ereignisse. Hitler soll damals angeblich einen Rombesuch geplant haben. Der Papst war äußerst empört, sein Verhältnis zum Faschismus so schlecht, wie es nur sein konnte; er sah die Rassengesetze als Bedrohung. Msgr. Diego Veneni, der Sekretär Pius' XI., soll unter Tränen geäußert haben: „Wir sind davon nicht betroffen, doch wir müssen äußerst wachsam bleiben." Mit diesen Worten nahm er möglicherweise jene überraschenden Erkenntnisse voraus, die 1971 aus einem angeblich von Kardinal Tisserant stammenden Tagebuch verbreitet wurden.

Die politische Lage zum Zeitpunkt des Todes Pius' XI. war bereits im Januar 1939 von der französischen Wochenzeitung *Le Figaro* kommentiert worden. Darin hieß es, dass dem Papst die letzte Injektion von seinem Leibarzt Francesco Petaccio gegeben worden sei. Im Jahre 1972 wurde von *Paris-Match* und *Panorama* ein Memorandum veröffentlicht, das Kardinal Tisserant zugeschrieben wurde. Darin wurde behauptet, Pius XI. sei nicht einem Herzinfarkt erlegen, sondern durch eine Giftinjektion ermordet worden. Der Auftraggeber sei Mussolini gewesen, der die Auswirkungen der Ansichten des Papstes auf die Masse der Katholiken befürchtet und nicht ausgeschlossen habe, dass er möglicherweise exkommuniziert werden würde. Im *Corriere della Sera* vom 26. September 2003 wurde von einem Dokument aus den Vatikanarchiven berichtet, das in die Protokolle der Papstaudienzen vom 10. April 1938 aufgenommen worden ist. Demnach soll Mussolini durch den Jesuitenpater Tacchi Venturi, den er gut kannte, Pius XI. vorgeschlagen haben, Hitler zu exkommunizieren.

Eine mögliche Gewalttat ist hier nicht von der Hand zu weisen. Doch der Vatikan hat immer klar dementiert, was von nicht wenigen als „logischer Schluss" bezeichnet wurde. Dennoch ist etwas Mysteriöses im Raum geblieben und als „Tisserant-Krimi" in die Geschichte eingegangen. Um klarere Einsicht zu gewinnen, müsste man in jedem Fall die Rede von Pius XI. lesen. Sie wird bis heute in den Geheimarchiven des Vatikans aufbewahrt; lediglich ein paar Auszüge drangen 1959 während des Pontifikats von Johannes XXIII. an die Öffentlichkeit.

Pius XII. und kaschierte Drohungen

Eugenio Pacelli, der neue Papst Pius XII. (1939-1958), war bereits Apostolischer Nuntius in Bayern gewesen und später auch in der Zeit der Weimarer Republik. Nach der Machtergreifung Hitlers hatte Pacelli als Kardinalstaatssekretär Pius' XI. die Aufgabe, in den schwierigen Beziehungen der Kirche mit dem Dritten Reich zu manövrieren: vom Konkordat 1933 bis zur massiven Kritik an der nationalsozialistischen Kirchenpolitik in der Enzyklika *„Mit brennender Sorge“* im Jahre 1937. Den Text dieser Enzyklika hatte Pacelli nach einer Vorlage des Münchener Kardinals Michael Faulhaber entworfen. Nachdem er ins Papstamt gewählt worden war, verhielt sich Pius XII. während des Zweiten Weltkriegs stets abwägend und sehr besonnen. Später wurden ihm wegen seines Verhaltens von verschiedenen Seiten schwere Vorwürfe gemacht, unter anderem, er habe zum Holocaust der Juden geschwiegen.

Während der deutschen Besatzung Roms (vom 8. September 1943 bis 4. Juni 1944) wurde die Stadt von den Alliierten häufig bombardiert. In diesem Zusammenhang muss man wissen, dass die Bewohner der angrenzenden Stadtviertel während der Bombardements immer wieder unter den Kolonnaden des Petersplatzes Zuflucht suchten. Allgemein herrschte der Glaube, auf die Gebäude des Vatikans würden sicher keine Bomben abgeworfen, sei es, dass die göttliche Vorsehung es so wolle, sei es aufgrund der Meinung, der Papst sei „unantastbar“. Eines Abends wurde diese Sicherheit jedoch buchstäblich gesprengt. Ein nicht identifiziertes Flugzeug erschien unerwartet am Himmel über der großen Kuppel des Petersdoms und warf einige Bomben ab, die die Mauern in der Nähe des vatikanischen Bahnhofs trafen. Viele Glasfenster der

Palastgebäude gingen zu Bruch, und unter den Menschen brach Panik aus.

Eine anschließende Untersuchung von Munitionstechnikern im Vatikan ergab, dass die Bomben aus englischer Produktion stammten. Eine solche Feststellung hatte jedoch wenig Aussagekraft. Es war bekannt, dass Teile der deutschen Streitkräfte über Kriegsmaterial verfügten, das sie von den Alliierten erbeutet hatten. Zudem wurde von alliierter Seite auf diplomatischem Wege umgehend dementiert, sie hätten ihrerseits irgendetwas gegen den Heiligen Stuhl unternommen. Eine kaschierte Aktion seitens der Nazis schien plausibel. Diese verfolgten nämlich zwei Ziele: die Beziehungen des Vatikans zu den Engländern und Amerikanern nachhaltig zu stören und dem Papst und seiner Diplomatie eine unmissverständliche Lektion zu erteilen.

In einem Artikel des Magazins *Gente* vom April 1993 hieß es, das Bombardement des Vatikans sei nicht die einzige „maskierte Aktion" gegen den Heiligen Stuhl gewesen. Diese These wurde mit einem Dokument der 11. Brigade Nera Redini belegt, das auf den 26. September 1944 datiert und von einem Paolo Porta aus Como unterzeichnet war. Darin ist die Rede von einer geheimen Mission, die Hitler vorgehabt habe: ein Massaker im Vatikan zu versuchen, Pius XII. zu töten und die Verantwortung dafür den Partisanen und Alliierten zuzuschieben. Wie müsste man vorgehen? Durch einen Überfall von SS-Angehörigen, verkleidet als italienische Soldaten. In dem Artikel heißt es: „Im Falle, dass der Papst diesem Massaker entkommen sollte, sei geplant gewesen, ihn nach Deutschland zu bringen." In einem Interview der Zeitung *La Stampa* über die Glaubwürdigkeit dieses Dokuments äußerte der Historiker Antonio Spinosa, diese Erkenntnisse seien durch die historischen Fakten klar widerlegt; er bestätigte jedoch, dass es „einen Plan gegeben hat, den Papst zu deportieren. Hitler sprach darüber Ende des Jahres 1943 mit Karl Wolff, dem Chef der SS-Truppen in Italien ... aber Wolff ließ sich Zeit“. In jedem Fall scheiterte dieser Plan, der Abteilungen der 8. Kavalleriedivision Florian Geyer anvertraut gewesen war. In dem Dokument von Porta ist zu lesen, man habe den Plan in letzter Minute ohne weitere Erklärungen aufgegeben.

Der gütige Papst, der den Atomkrieg vereitelte

Als Pius XII. 1958 starb, erschien die Wahl seines Nachfolgers zunächst sehr schwierig. Einige Mitglieder des Konklaves, darunter auch die französischen Kardinäle, hofften auf die Wahl Montinis, der damals Erzbischof von Mailand, aber noch nicht Kardinal war. Dieser Umstand überzeugte die Mehrheit der Purpurträger, jemanden zu wählen, den sie als „Übergangspapst“ sahen: den 78-jährigen Angelo Roncalli, den Patriarchen von Venedig. Wären die Verhältnisse anders gewesen, hätte es Johannes XXIII. wohl nie gegeben.

Und tatsächlich war der Roncalli-Papst ein Mann des Übergangs, allerdings nicht im Sinne der ursprünglich beabsichtigten kurzen Überbrückung zwischen einem Pontifikat und dem übernächsten. Papst Johannes XXIII. sah seine Aufgabe vielmehr darin, die Kirche auf das 3. Jahrtausend vorzubereiten. Am ersten Weihnachtstag begab er sich in römische Kliniken und besuchte dort die Kranken, am Tag danach ging er in Gefängnisse. Durch solch unkonventionelle Zeugnisse seiner konkreten Liebe wurde er für die Römer sehr bald zu ihrem „Papa buono“, dem gütigen Papst, der die Menschen in ihren Stadtvierteln aufsuchte – und nicht nur dort.

Im Januar 1959 berief Johannes XXIII. das Zweite Vatikanische Konzil ein, zu dem er auch Angehörige anderer christlicher Konfessionen als Beobachter einlud. Er eröffnete das Konzil 1962 – im Geiste einer Erneuerung der Kirche und ihrer Öffnung zum Dialog über die großen Fragen der modernen Welt. Wenige Wochen bevor er an Magenkrebs starb, veröffentlichte er die Enzyklika *Pacem in terris*, die als sein bedeutendstes Dokument und Vermächtnis gesehen wird. Darin bekräftigte er, dass Krieg in keiner Weise als Instrument der Gerechtigkeit gelten darf und dass der Frieden auf dem Dialog und der Zusammenarbeit aller basiert, jenseits aller religiösen Unterschiede.

Das früher übliche vorsichtige diplomatische Taktieren auf politischer Ebene war nicht die Sache des Roncalli-Papstes: Er bemühte sich um Beziehungen mit China unter Mao Tsetung und empfing den Schwiegersohn des sowjetischen Ministerpräsidenten Nikita Chruschtschow in Privataudienz. Vermutlich war er dadurch in der Lage, in der Kuba-Krise eine historische Friedensaktion zu unternehmen und einen Atomkrieg zu verhindern. In einem persönlichen Brief an Chruschtschow forderte er diesen auf, die Schiffe mit den Atomraketen zu stoppen, die sich den Küsten der USA bedrohlich näherten, während Präsident Kennedy bereits Vorbereitungen traf, diesen Angriff entsprechend zu beantworten. Der Appell des Papstes hat mit dazu beigetragen, dass Chruschtschow sich überzeugen ließ und die Kursänderung der Schiffe befahl; zum Weihnachtsfest 1962 sandte er dem Papst eine persönliche Grußbotschaft. Ein beispielloses Ereignis, wodurch das Ansehen von Johannes XXIII. weltweit enorm gewann. In seiner Person und Gestalt verkörperte sich ein neues Papstbild: Von jetzt an war der Stellvertreter Christi in besonderer Weise auch eine Ikone des Friedens, Vermittler in Konflikten und Verteidiger des großen kulturellen Erbes der Menschheit.

Die Fahrzeuge der Päpste

Wir sind im Zeitraum der Massenmotorisierung. Selbstverständlich hatten die Päpste schon früher ihre Kutschen stehen gelassen und – weit früher als viele der Gläubigen – den Motor der Pferdekraft vorgezogen. Wir wollen hier näher darauf eingehen, wie die von ihnen benutzten Fahrzeuge aus Sicherheitsgründen im Laufe der Zeit präpariert wurden.

Das erste Auto, das ein Papst nutzte, war ein Geschenk des Erzbischofs von New York in den ersten Jahren des 20. Jahrhunderts. Diesem Mann aus der großen US-Metropole mag es wohl seltsam erschienen sein, dass sein Kirchenoberhaupt noch kein Auto hatte. Der Wagen war allerdings ein italienisches Fabrikat: ein Itala. Pius X., der zwar gegen den Modernismus, aber sicher nicht gegen die Annehmlichkeiten der Moderne war, nutzte den Wagen ausschließlich innerhalb der Vatikanischen Gärten; denn die Päpste verließen ja zu der Zeit den Vatikan nicht.

Am 11. November 1929, gut neun Monate nach der Unterzeichnung der Lateranverträge, hatte sich die Situation geändert. Pius XI. fuhr zum ersten Mal in einem Auto nach draußen. In einem nagelneuen amarantroten Graham-Paige mit großer päpstlicher Eskorte begab er sich zur Lateranbasilika. Bei der Gelegenheit wurde aus Sicherheitsgründen zum ersten Mal die Stadtpolizei Roms mobilisiert.

Der Ratti-Papst konnte bereits aus einem kleinen Fuhrpark wählen, denn er besaß seit einigen Jahren weitere Fahrzeuge, darunter einen Fiat-Berlina 525, der ihm von den Arbeitern der Turiner Automobilfabriken geschenkt worden war. Die Automobilwerke wetteiferten in jenen Jahren miteinander, dem Papst eines ihrer Modelle zu schenken.

Am 9. Juni 1930 wurde im Damasus-Hof zur Erinnerung an die Lateranverträge ein in Mailand gebautes Fahrzeug präsentiert, das vom Grafen Bezzi-Scala gesteuert wurde: ein Citroën Lictoria Sex. Dieses Auto wurde zu einem Mythos: Obwohl es nur 156 Kilometer gefahren ist, ging es wegen seiner außergewöhnlichen Ausstattung in die Geschichte ein. Ähnlich wie die Papstkarossen früherer Zeiten verfügte es in dem mit Samt gepolsterten Innenraum über einen Thronsessel, einen Baldachin und einen Fußschemel. Der Autodachhimmel war mit einem Gobelin versehen, in Silberbrokat bestickt mit einer Taube als Symbol des Heiligen Geistes. In einem eigens dafür vorgesehenen Fach, über dem eine goldene Uhr montiert war, konnte das Brevier abgelegt werden. Die gesamte Innenausstattung des Wagens inspirierte sich am venezianischen Salonstil des 18. Jahrhunderts. Seitlich waren kleine, mit böhmischen Kristallen verzierte Ablagen eingearbeitet. Zwei Lampen in vergoldeten Nischen dienten der Innenbeleuchtung. Mittels einer Tastatur konnte der Papst dem Chauffeur Anweisungen erteilen. An den Scheinwerfern waren Vorrichtungen für die Beflaggung.

Dieser Citroën Lictoria Sex (die Sex stand für den sechszylindrigen Motor) war natürlich das Prunkstück im päpstlichen Fuhrpark, zu dem bereits ein Bianchi 15 (aus dem Jahre 1922), ein Bianchi 20 (1926) und der bereits erwähnte Fiat 525 (1929) gehörte; ferner ein Isotta Fraschini 8A (aus dem Jahr 1929) sowie ein Graham-Paige 837, der seine führende Rolle in der päpstlichen Wagenflotte verloren hatte.

Der erste Papst, der in der Öffentlichkeit aus einem Auto ausstieg und zu Fuß weiterging, war Pius XII. Von ihm weiß man, dass er Geschwindigkeit sehr mochte und seine Chauffeure anwies, schnell zu fahren. Es war am 13. Juli 1943, mitten in der Zeit der deutschen Besatzung Roms. Die Amerikaner begannen mit der Bombardierung des Viertels San Lorenzo. Der Papst sah von seinem Fenster aus die

Flugzeuge über der Stadt und äußerte den Wunsch, sofort in einem Auto an den Ort der Zerstörungen gefahren zu werden, um der Bevölkerung tröstend beizustehen. Bei ihm war der junge Montini (Giovanni Battista Montini - später Papst Paul VI.). Als sie in dem von den Bomben zerstörten Viertel ankamen, begann Pius XII., von Gläubigen umgeben, zu beten. Als er noch immer in tiefer Betroffenheit darum bat, in den Vatikan zurückgefahren zu werden, versagte der Mercedes seinen Dienst. In Chroniken ist zu lesen, er kehrte in einem kleinen Topolino, der vom Grafen Galeazzi gesteuert wurde, in die päpstliche Residenz zurück.

Während des Pontifikats von Johannes XXIII. wurde das Auto zum normalen Verkehrsmittel des Bischofs von Rom bei seinen Pastoralbesuchen in den römischen Pfarrgemeinden. Die Eskorte wurde in jenen Jahren perfektioniert, wenngleich sich die größte Sorge lediglich auf die Abwehr überbordender Begeisterung der Menschenmenge beschränkte.

Unter Paul VI. begannen die interkontinentalen Pastoralreisen. Die dafür bei verschiedenen Anlässen zur Verfügung gestellten Automobile waren die prestigeträchtigsten Fahrzeuge der Gastgeberländer. Der klassische Mercedes W 100 mit schwarzem Klappverdeck und dem Kennzeichen SCV 1 wurde lediglich für Fahrten innerhalb der Stadt Rom sowie für den Weg zum Flughafen benutzt.

Unter dem Wojtyła-Papst begann dann die eigentliche Ära des Papamobils: ein weißer Jeep, der nach dem Attentat am 13. Mai 1981 mit schusssicherem Glas ausgerüstet wurde. Es gibt allerdings nicht nur ein einziges Papamobil, der Vatikan hat mindestens zwei. Bei Reisen in Europa wurde das Fahrzeug des Papstes vorausgeschickt und wartete bei der Ankunft mit dem Flugzeug auf ihn. Bei Reisen außerhalb Europas war es wegen der hohen Transportkosten naheliegend, einen Neuwagen entsprechend umzubauen, der dann nach der

Pastoralreise in den Diözesen vor Ort genutzt werden konnte. In den letzten Jahren konnten die Sicherheitsingenieure bei der Ausrüstung dieser Fahrzeuge beachtliche technische Fortschritte verzeichnen und waren zugleich darum bemüht, dass sie trotzdem für den Papst möglichst bequem waren.

Im Juni 2002 übereignete der Daimler-Chrysler-Konzern Johannes Paul II. ein perlmuttfarbenes neu entwickeltes Modell des SUV Mercedes 430, an dem die notwendigen Modifikationen und Panzerungen vorgenommen worden waren. Die „Zusammenarbeit" zwischen Mercedes und dem Vatikan währt seit 75 Jahren. Sie begann 1930 mit der Übergabe einer achtzylindrigen Limousine vom Typ Nürburg 460 an Pius XI.; darauf folgte 1960 ein 300 D Automatik mit Klappverdeck als Geschenk an Johannes XXIII. Fünf Jahre danach bekam Paul VI. einen 600er Landaulet und später einen Mercedes 300 SL.

Das Konklave 1963

Kardinal Montini folgte Johannes XXIII. 1963 unter dem Namen Paul VI. (1963-1978). Man hätte ihm eigentlich dieses Amt bereits fünf Jahre früher zugetraut, doch bei einer Papstwahl sind Kräfte am Werk, die nicht vorhersehbar sind. Als 1963 das Konklave bevorstand, wurde der italienische Geheimdienst von einem General, De Lorenzo, geführt. Ferner richtet sich hier unsere Aufmerksamkeit auf einen 70-Jährigen, der Rom als seine Wahlheimat ansah, viele Sprachen beherrschte und mit seinem gepflegten langen weißen Bart aussah wie ein Orientale: Es war der armenische Kurienkardinal Pietro Agagianian, damals Präfekt der Missionskongregation. Er war bereits 1958 als aussichtsreicher Kandidat betrachtet worden und deshalb, so kann man wohl im Nachhinein urteilen, beim nächsten Konklave der wichtigste Mitbewerber neben Kardinal Montini. Geheimdienstlich stand Agagianian unter Verdacht. Seine Schwester, Elisabetta Papikowa, pflegte engen Kontakt mit sowjetischen Diplomaten in Rom, was zu Spekulationen über eine mögliche Zusammenarbeit führte. Sie wurde vom Nachrichtendienst beschattet, der konnte jedoch nichts Relevantes herausfinden, bis zu dem Tag, als die alte Dame Besuch vom ersten Sekretär der sowjetischen Botschaft in Rom empfing. Es war Againe Gorguen, auch er ein Armenier, der im Verdacht stand, Agent des sowjetischen Geheimdienstes zu sein. So wurde die Papikowa zu einer Art Mata Hari und ihr Bruder, der Kardinal, zum mutmaßlichen Komplizen. Dem Vatikan wurden mysteriöserweise einige Tage vor dem Konklave Informationen darüber zugespielt. So war für die Kardinäle, die am 30. Juni zur Wahl schritten, klar: Agagianian war aus dem Spiel, Montini der richtige Mann als nächster Papst.

Das Pontifikat Montinis war von einigen ziemlich spektakulären und symbolträchtigen Gesten gekennzeichnet. Im Jahre 1964 besuchte er in Jerusalem den damaligen Patriarchen von Konstantinopel, Athenagoras. Anschließend flog er nach Bombay und richtete einen Appell an die Großmächte, das Wettrüsten zu beenden. 1965 empfing er Athenagoras zum Gegenbesuch im Vatikan. Sie vereinbarten die gegenseitige Rücknahme der 1054 ausgesprochenen Exkommunikation und beendeten damit dieses Schisma. Im September sprach Paul VI. in einer Rede vor der UNO in New York, in der er bewusst Neutralität wahrte. So konnte er im Jahr darauf zugunsten des Friedens in Vietnam intervenieren und damit den Anfang machen, die Eiszeit zwischen dem Heiligen Stuhl und dem Kreml zu beenden. 1969 stattete er dem Ökumenischen Rat der Kirchen in Genf einen Besuch ab. Ein weiterer Höhepunkt seines Pontifikats war die Veröffentlichung der Enzyklika *Populorum progressio*, in der er für die Unterdrückten in der Welt Partei ergriff. Für viele Priester, besonders in Lateinamerika, wurde dieser Text zu einer wichtigen Triebfeder. Es waren die Jahre des gesellschaftlichen Umbruchs. Der Papst befürchtete, dass seine Botschaft missverstanden werden würde. Paul VI. bekräftigte in der Enzyklika *Humanae vitae* das Verbot der künstlichen Empfängnisverhütung und löste dadurch gewaltige Proteste aus. Er bestätigte die Pflicht der Priester zum Zölibat und missbilligte den Holländischen Katechismus. Und Paul VI. war der erste Papst, der per Flugzeug andere Kontinente bereiste – und dabei mit einem Mordanschlag konfrontiert wurde.

Manila 1970: das Attentat auf Paul VI.

In der Zeit vom 26. November bis zum 5. Dezember 1970 war Paul VI. auf einer bedeutenden Pilgerreise in Asien, Ozeanien und Australien. Genauer gesagt: Er besuchte in diesen Tagen den Iran, Pakistan, Samoa, Australien, Indonesien, Hongkong, Sri Lanka und die Philippinen. Am 27. November entging er auf den Philippinen nur ganz knapp einem Mordanschlag.

Die Ereignisse überstürzten sich an jenem Morgen auf dem Flughafen von Manila. Es war der erste Besuch eines Papstes in dem Inselstaat. Eine farbenfrohe Reihe wichtiger Persönlichkeiten wartete auf ihn zur Begrüßung an den Seiten des langen roten Teppichs. Das Flugzeug war soeben unter dem Applaus der Anwesenden gelandet. Der Papst war in Begleitung einer kleinen Gruppe von Kardinälen, Bischöfen und anderen kirchlichen Würdenträgern, darunter Erzbischof Paul C. Marcinkus. Der Papst schritt den auf beiden Seiten von Persönlichkeiten gesäumten Weg ab, der ihn zu einem kleinen Podest führte, von dem aus er eine kurze Ansprache halten sollte. Marcinkus machte raschen Schritts den Weg frei und beschränkte die Zahl der ganz nahen Kontakte energisch. Der Papst erteilte den Segen, lächelte und gewährte kurze Gespräche. Es war das gewohnte Bild, alles schien ganz normal – bis zu dem Moment, als ein etwa 35-jähriger Mann mit einem 30 Zentimeter langen Malaien-Dolch auf den Papst losstürzte. Seine Absichten waren klar. Als er zustechen wollte, intervenierten zwei Personen der Leibwache, die seine Hände festhielten, ihn innerhalb weniger Augenblicke überwältigten und abführten. Der Papst reagierte ohne sichtbare Emotion und setzte den Weg zu dem Podest fort, als ob nichts passiert wäre. Der Mann wurde identifiziert als Benjamin Mendoza, ein surrealistischer Maler bolivianischer Staatsangehörigkeit.

Natürlich kamen anschließend Fragen auf, und das Ereignis wurde vielfach kommentiert. Wie war das möglich? Wer war dieser Mann? Warum hatte er sich zu dieser Tat entschlossen? Wer waren die beiden Leibwächter, die „Schutzengel", die diese Gewalttat verhindert hatten? Es wurden sogleich Ermittlungen zum Verhalten der Sicherheitskräfte durchgeführt, aber auch ebenso rasch wieder beendet. Der Attentäter wurde als „psychisch gestörter Einzeltäter" eingestuft. In einer Pressekonferenz erklärte er: „Ich bedaure, dass es mir nicht gelungen ist. Ich würde es noch mal machen, wenn sich mir die Gelegenheit böte." Er wurde einige Jahre später aus dem Gefängnis entlassen dank der Tatsache, dass der Vatikan auf eine Nebenklage verzichtet hatte.

Hinsichtlich der „Schutzengel" kam es jedoch zu einer Legendenbildung. Anfänglich behauptete der damalige Staatspräsident der Philippinen, Ferdinando Marcos, er habe den Attentäter persönlich abgewehrt. Aber die Fotoaufnahmen dieser Szene widerlegten das klar, da er mehrere Meter vom Papst entfernt stand. Für die Ermittlungen wurde auch Anthony Dennis Galvin vernommen, der Bischof von Sarawak, der im Moment des Attentats direkt hinter dem Papst stand. Auch er versicherte einige Tage später in seiner Antwort aus Singapur, dass Marcos in keiner Weise eingegriffen habe, sondern dass es zwei Personen der päpstlichen Leibwache waren, die Mendozas Hand abgewehrt, ihn dann festgehalten und abgeführt hätten. Aus solch allgemeinen Feststellungen entstand ein Gerücht, das bis heute im Umlauf ist: Einer der Leibwächter sei Paul Marcinkus gewesen! Er wurde bald danach Spitzenmanager des IOR (Istituto per le Opere di Religione) und übernahm später die Leitung der Vatikanbank, bis diese in den Mittelpunkt ziemlich beunruhigender Ermittlungen geriet, die nie richtige Aufklärung bringen konnten.

Die Reform der päpstlichen Militärkorps

Genau ein Jahrhundert nach der Eroberung Roms 1870, bei der die Truppen des Kirchenstaats aufgerieben wurden, und gut 40 Jahre nach den Lateranverträgen leitete Papst Paul VI. eine Reform der päpstlichen Militärkorps ein. Angesichts der völlig gewandelten Zeiten und Verhältnisse in der Welt richtete er am 14. September 1970 ein Schreiben an Kardinal Jean Villot, mit dem er die Auflösung der bewaffneten päpstlichen Formationen verfügte, mit Ausnahme der Schweizer Garde. Der Papst berief sich in seinem Schreiben auf die Neuorientierung des Zweiten Vatikanums. Die Umgebung des Papstes sollte ganz unzweideutig den religiösen Charakter seiner Sendung widerspiegeln, in einer klaren, im Evangelium gründenden Einfachheit. In dem Kontext, so äußerte sich Paul VI., dürfte man wohl verstehen, „dass unsere durchaus verdienten Militärkorps, die bisher im Dienst des Heiligen Stuhls standen, nicht mehr den Bedürfnissen entsprechen, aus denen heraus sie entstanden sind".

Die Nobelgarde Seiner Heiligkeit

Die Angehörigen dieses Militärkorps waren unter verschiedenen Bezeichnungen 470 Jahre lang die „Schutzengel" der Päpste und nahmen unter den bewaffneten Korps der Päpste den ersten Rang ein. Sie waren um 1500 entstanden und nannten sich anfänglich Cavalleggieri, ein berittenes Gardekorps, und Lanzenreiter. In der Zeit der jakobinischen Römischen Republik wurde die Garde aufgehoben.

Pius VI. (1775-1799) wurde in seinen letzten Lebensjahren offiziell von napoleonischen Soldaten eskortiert und war im Grunde eine Geisel in französischer Hand.

Die Situation änderte sich 1801. Pius VII. gründete auf Vorschlag des Grafen Vincenzo Costaguti eine neue päpstliche Leibwache aus dem Personenkreis des Adels. 14 Jahre lang bemühten sie sich nach Kräften, den Übergriffen der Generäle Napoleons zu widerstehen, die „ihren" Papst verschiedene Male zur Flucht zwangen und ihn am Schluss sogar entführten. Im Jahre 1815 endlich wurde die Nobelgarde reformiert und erhielt 1824 ein Statut, das später mehrmals geändert wurde. 1963 legte Papst Johannes XXIII. im Artikel 1 dieses Statuts fest, dass die Nobelgarde der unmittelbaren Leibwache des Heiligen Vaters dienen solle. Sie bestand damals aus etwa 100 Personen. Die Wahl ihres Kommandanten aus dem Personenkreis des römischen Hochadels oblag dem Papst persönlich. Dieser Befehlshaber war ausschließlich für den Personenschutz des Papstes zuständig und führte das Oberkommando über alle militärischen Dienste, die im Vatikan tätig waren. Bei feierlichen Zeremonien stand die Nobelgarde rings um den päpstlichen Thron unter seinem Kommando. Adjutanten der Nobelgarde mit dem Säbel in der Hand flankierten bei feierlichen Anlässen auch die Sedia gestatoria, den getragenen Papst-Thron. Bei Reisen oder Ausflügen des Papstes in der Pferdekutsche kommandierte der Befehlshaber die Eskorte und ritt auf Höhe der rechten Seitentür nebenher. Die Pferde wurden meist im verhaltenen Trab bewegt, sodass die Nobelgardisten erfahrene, mit guter Kondition ausgestattete Reiter sein mussten. Jedes Mal, wenn angehalten wurde, stieg der Oberkommandierende rasch vom Pferd und öffnete die Tür der Kutsche; wenn der Papst ausgestiegen war, eskortierte er ihn wie heute ein Bodyguard. Bei der Abreise schloss er die Tür und schwang sich dann rasch in den Sattel, um wieder die rechte Seite der Karosse zu erreichen, die sich bereits in Bewegung gesetzt hatte. Auch in der Zeit der ungelösten Römischen Frage und der freiwilligen Gefangenschaft der Päpste im Vatikan begleitete die Nobelgarde die Päpste auf Spazierfahrten durch die Vatikanischen Gärten. Als jedoch der motorisierte Verkehr aufkam, änderte sich die Situation.

Die Quartiere der Nobelgarde befanden sich seit Benedikt XV. in Räumen oberhalb der steinernen Galerie. Die prunkvollen Uniformen der Gardisten waren stets in tadellosem Zustand. Je nach Rangordnung der feierlichen Anlässe waren sie aus Stoffen in verschiedener Farbe; die Uniformen waren mit Goldtressen verziert; die Gardisten trugen hohe Stiefel mit Sporen aus Stahl, einen breiten Gürtel mit Patronentasche, vergoldet oder aus Leder, schwarze oder weiße lederne Handschuhe und einen Helm mit Busch. Als Waffen verfügten sie über Säbel, Schwert, Pistole und Karabiner ohne Bajonett.

Nachdem 1968 die Bezeichnung dieses ruhmreichen Korps noch einmal geändert worden war, wurde es im Jahre 1970 endgültig aufgehoben. Unter der Bezeichnung Ehrenmänner Seiner Heiligkeit leisten sie jedoch seither noch mit Offizieren der ehemaligen Palatin-Ehrengarde Dienst bei Audienzen für Staatsoberhäupter, Regierungschefs und Außenminister, aber auch bei der Übergabe von Beglaubigungsschreiben von Diplomaten beim Heiligen Stuhl. So ist dieser Geist der Nobelgarde, auch wenn sie keine militärische Funktion mehr hat, heute noch recht lebendig. Die Angehörigen treffen sich regelmäßig zum sonntäglichen Gottesdienst, und es werden – in besonderer Weise in der jüngeren Generation – noch gern die Träume vom Prunk früherer Zeiten in Erinnerung gerufen.

Die Palatin-Ehrengarde

Ursprünglich waren das die Stadtmiliz der römischen Bevölkerung und die Bürgerliche Elitegarde. Diese waren bis zur Mitte des 19. Jahrhunderts aktiv, und ihre Dienste endeten in den turbulenten Tagen der Römischen Republik. Bei seiner Rückkehr in die Stadt vereinigte Pius IX. im Jahre 1850 die Reste der beiden bewaffneten Korps, indem er auf einen Großteil jener zurückgriff, die dem Heiligen Stuhl treu geblieben waren. So entstand die Palatingarde, die schon bald vom selben Pius IX. im Jahr 1858 den Titel Ehrengarde bekam. Sie übernahm ihre Aufgabe mit zwei Kompanien aus je 80 Mann, war dem Kardinalpräfekten für die Päpstlichen Paläste unterstellt und diente dem Papst bei Feierlichkeiten und als Wachdienst in den Vorzimmern, in Abstimmung mit der Nobelgarde. Zu den Aufgaben der Palatin-Ehrengarde gehörte es, den Papst zu begleiten und sich bewaffnet um seine Bewachung zu kümmern. Doch sie unterstützten auch die Besatzungstruppen vor den Toren Roms und dienten als Patrouillengänger. In den Jahren, die der Erstürmung Roms vorausgingen, als 1870 von den Eroberern eine Bresche in die römische Porta Pia geschlagen werden konnte, wurde das Korps größer und übernahm weitere Aufgaben: im Polizeidienst auf dem Petersplatz und in der Unterstützung des aktiven Heeres. Nach 1870 wurde diese Garde erneut auf 350 Angehörige verkleinert und dem Kardinalstaatssekretär unterstellt. In der Folgezeit nach den Lateranverträgen 1929 wurde ihr Reglement aufgrund der häufiger werdenden offiziellen Zeremonien reformiert. Die Palatin-Ehrengarde bekam die typische Struktur eines Bataillons mit vier Kompanien, ähnlich wie im italienischen Heer. Sie diente jedoch weiter als Vorzimmer-Garde, bei offiziellen Paraden und war für den Wachdienst auf dem Petersplatz zuständig.

Während des Zweiten Weltkriegs erstreckten sich ihre Wachdienste auch auf Bauwerke außerhalb der Mauern des Vatikans, und sie wuchs durch die Errichtung von Hilfstruppen auf 2000 Mann in 16 Gliederungen.

Die Palatin-Ehrengarde wurde von Papst Paul VI. im Jahre 1970 aufgelöst. In gewisser Weise aber lebt sie noch weiter in der Vereinigung Peter und Paul, die am 23. April 1971 gegründet wurde und der sich fast alle ehemaligen Palatingardisten anschlossen, „mit dem Wunsch, ein besonderes Zeugnis christlichen Lebens, des Apostolats und der Loyalität gegenüber dem Heiligen Stuhl zu geben". Diese Vereinigung hat ihren Sitz im Apostolischen Palast und ist heute organisatorisch auf drei Gebieten aktiv: auf kultureller Ebene, in der Liturgie und im karitativen Bereich.

Die päpstliche Gendarmerie – heute Wachkorps des Vatikanstaats

Im Kirchenstaat wurden die päpstlichen Gendarme als „Büttel" bezeichnet und waren in der Bevölkerung ziemlich unbeliebt. Dann beschloss im Jahre 1816 das Stadtoberhaupt von Rom, Tiberio Pacca, die verschiedenen Polizeikräfte im Umfeld des Papstes zu uniformieren. So entstand zunächst das Korps der Päpstlichen Carabinieri. Sie waren für die öffentliche Ordnung, die Durchführung der Gesetze und die Sicherheit im Kirchenstaat zuständig. Der Stern Napoleons war untergegangen, der Wiener Kongress hatte getagt, und es kam zu einer Restauration früherer Verhältnisse. Dennoch wehten mächtig liberale Winde und beflügelten den in ganz Italien verbreiteten, nach Unabhängigkeit und Freiheit strebenden Geheimbund der Karbonari. In der Provinz Marken kam es zum Aufstand, der von den Carabinieri in die Schranken gewiesen und zurückgedrängt wurde, zumindest wurde das versucht. Das Korps war in zwei Regimenter mit sechs Schwadronen gegliedert, verfügte über Kasernen in allen Provinzen des Kirchenstaates und zählte insgesamt 2280 Carabinieri, zu Pferd und zu Fuß.

Papst Gregor XVI. hatte das Korps zwar 1838 noch einmal reformiert, die Römische Republik löste es jedoch 1849 auf. Als im Jahre 1850 Pius IX. zurückkehrte, wurde das Korps neu organisiert in 14 Kompanien, die jeweils den Namen der Provinz trugen, in der sie tätig waren. Daraus ging die päpstliche Gendarmerie hervor. Sie war in der Unterstützung des Heeres und im Kampf gegen Räuberbanden sehr aktiv. Im Jahre 1867 zeichneten sie sich aus bei der Betreuung der Kranken, die von der Cholera befallen waren, wodurch sie die Sympathien der öffentlichen Meinung zurückgewannen. Nach dem Niedergang des Kirchenstaats wurden sie auf 100 Mann reduziert unter dem Oberkommando in den Apostolischen Palästen und behielten ihre Aufgaben im Innern des Vatikans. Ende des 19. Jahrhunderts bekamen sie ihre dunkelblaue Samtflagge mit dem Wappen des amtierenden Pontifex wieder. In den ersten Jahren des 20. Jahrhunderts wurde auch ihr Musikkorps wieder eingeführt. Nach dem Konkordat im Jahre 1929 wurde die Gendarmerie verstärkt und unterstand 40 Jahre lang der Regierung des Vatikanstaats. 1969 wurde sie der Päpstlichen Kommission unterstellt. Unter anderem war es auch Aufgabe der Gendarmerie, die Sicherheit der Konklave zu gewährleisten und Dienst zu tun in der päpstlichen Residenz in Castelgandolfo, aber auch in anderen zum Vatikan gehörenden Gebäuden in Rom. Ihre Uniform bestand aus einem schwarzen Sakko, einer blauen Hose und napoleonischem Zweispitz als Kopfbedeckung. Die päpstliche Gendarmerie wurde am 20. Januar 1971 endgültig aufgelöst.

Seit diesem Tag wurden die internen Sicherheitsdienste von einem Zivilorgan übernommen, das Wachkorps des

Vatikanstaates genannt wird und der Regierung untersteht. Das Kommando wurde Camillo Cibin übertragen, mit zwei weiteren Vorgesetzten als Stellvertreter. Das Korps bestand aus 100 Mann, darunter acht Offiziere. Die Rekruten mussten mindestens 25 Jahre alt, über 1,75 Meter groß sein und den Wehrdienst abgeleistet haben. Für die ersten zwei Jahre im Dienst waren sie verpflichtet, ledig zu bleiben und im Vatikan zu wohnen; danach konnten sie heiraten und sich nach Belieben eine Wohnung suchen.

Ihre Aufgabe besteht heute darin, die Besucher an den Eingängen zu kontrollieren und in den vatikanischen Gärten Wachdienste zu leisten; man sieht sie bei ihren Streifengängen in der Umgebung des Bahnhofs, am Hubschrauberlandeplatz, vor dem Regierungsgebäude, in den vatikanischen Museen, aber auch im vatikanischen Supermarkt Annona.

Seit 1991 haben sie einen Generalinspektor, dem zwei Stellvertreter zur Seite stehen. Das Wachkorps dient der Sicherheit der Personen, Gebäude und Anlagen im Vatikanstaat und hat auch Aufgaben im Justizwesen. Die Einstellung erfolgt nach zweijähriger Probezeit und einer besonderen Eignungsprüfung. Seit Weihnachten 1983 sind diese Sicherheitskräfte in blauer Uniform mit gleichfarbigem Barett gekleidet. Sie tragen eine Revolvertasche, in der – diskret, aber sichtbar – eine Beretta 7,65 steckt. Der Kommandant des Wachkorps arbeitet eng mit der Generalinspektion für Öffentliche Sicherheit im Vatikan zusammen.

Die Päpstliche Schweizer Garde

Diese Garde hat als einzige die Reform der päpstlichen Militärkorps überlebt. Die Geschichte dieser Garde reicht bis ins späte Mittelalter zurück. Damals genossen die eidgenössischen Söldner einen vorzüglichen militärischen Ruf. Europas

Großmächte rissen sich geradezu um diese Soldaten. Und die schweizerischen Kantone schlossen sich, je nach politischer Sympathie, der einen oder anderen Seite an. Papst Julius II. bat 1505 um die Entsendung von 200 Schweizern – zu seinem persönlichen Schutz und zur Verteidigung des Apostolischen Palastes. Bald darauf zogen immerhin 150 „Svizzeri“ gen Süden; am 21. Januar 1506 marschierten sie feierlich auf den Petersplatz, wo ihnen der Papst den Segen erteilte – dieses Datum markiert die offizielle Gründung der Garde.

Unter Julius II. und seinen Nachfolgern bekamen die Soldaten reichlich zu tun. Im Frühjahr 1527 musste die Garde ihre schwerste, leidvollste Bewährungsprobe bestehen. Damals, am 6. Mai, erstürmte das beutehungrige Heer Kaiser Karls V. das schwach geschützte Rom und begann eine verheerende Plünderung, das „Sacco di Roma“. Papst Klemens VII. wurde von der Garde heldenhaft verteidigt. Die Schlacht forderte einen extrem hohen Blutzoll:147 Schweizer starben, während sich die restlichen 42 Soldaten mit dem Papst in die Engelsburg retteten.

Das verbliebene, winzige Fähnlein der Schweizergarde wurde bald darauf aufgelöst – wie es später noch manchmal geschah, wenn man die Päpste gefangennahm oder wenn sie kurzfristig Rom verlassen mussten. Doch immer wieder holte man „Svizzeri“ in den Vatikan. Papst Pius IV. aus dem Geschlecht der Medici war es dann, der 1560 bestimmte: Die Garde soll fortan die Medici-Farben Blau, Rot und Gelb tragen.

Während des Zweiten Weltkrieges stattete man die Papstsoldaten mit Maschinenpistolen aus. Denn es galt, Pius XII. zu schützen. Er ging ja gelegentlich in den Gärten hinter dem Petersdom spazieren, und man fürchtete, Hitler wolle den Pontifex entführen. Später erhielt die Truppe noch eine andere Waffe: Sprühdosen, die dem Feind Schaum ins Gesicht „schießen“ und mit Tränengaszusatz außer Gefecht setzen.

Die Schweizer Garde überlebte, wie erwähnt, die von Paul VI. im Geist des Konzils durchgezogene Reform. Eine Verordnung von 1976 bestimmt, dass die Garde „ständig über die Sicherheit der Heiligen Person des Heiligen Vaters und seiner Residenz wacht“. Außerdem sollen die „Svizzeri“ den Pontifex auf seinen Reisen begleiten und verschiedene Ordnungsdienste im Vatkan leisten.

Die Schweizer Garde untersteht bis auf den heutigen Tag unmittelbar dem Papst, der seine Befehlsgewalt durch das Staatssekretariat ausübt. Während einer Sedisvakanz untersteht sie dem Kollegium der Kardinäle und empfängt ihre Befehle im Besonderen vom Kardinal - Camerlengo. Die Kompanie, im Range eines Regiments, bestand bis 1979 aus einer 90 Mann starken Einheit, die Johannes Paul II. damals um zehn Mann vergrößerte. Ihr Kommandant, im Range eines Oberst, dessen Ernennung dem Papst vorbehalten ist, steht an der Spitze der hierarchischen Ordnung. Seit 1998 besteht nach dem Reglement die Schweizer Garde aus 110 Mann, darunter sechs Offizieren, 26 Unteroffizieren und 78 Hellebardieren. Zugelassen werden nur katholische Schweizer Staatsbürger von Geburt her; sie müssen ledig sein, in ihrer Heimat den Militärdienst geleistet haben, höchstens 30 Jahre alt und mindestens 1,74 Meter groß sein. Seit jeher befinden sich die Quartiere der Schweizer Garde in unmittelbarer Nachbarschaft der päpstlichen Residenz. Die Kaserne der Schweizer Garde ist mit einer Turnhalle und einer Bibliothek mit Lesesaal ausgestattet.

Der Dienst in der Garde ist stressig. Davon kann, kurios genug, auch der Sachse Dr. Thomas Steger aus der Chemnitzer Propstei-Gemeinde ein Lied singen. Denn im Mai 1990 las der damalige BWL-Student an einem Schwarzen Brett, dass die

Foto: © Bettmann / CORBIS

Attentatsversuch auf Papst Paul VI. am 27. November 1970 kurz nach seiner Landung in Manila. Im Hintergrund sichtbar der Attentäter – ein bolivianischer, surrealistischer Maler mit dem Namen Benjamin Mendoza.

Foto: © picture-alliance / dpa

Papst Johannes Paul II. fährt am 13. Mai 1981 in einem offenen Fahrzeug an einer Menschenmenge auf dem Petersplatz vorbei und hält ein kleines Kind auf dem Arm. Wenige Augenblicke später wird er bei einem Attentat durch mehrere Schüsse schwer verletzt.

Foto: © picture-alliance / dpa

Papst Johannes Paul II. wird bei dem versuchten Attentat des Türken Mehmet Ali Agca am 13. Mai 1981 auf dem Petersplatz von seinem Leibwächter Alois Estermann (Mitte) geschützt. Rechts daneben der persönliche Sekretär des Papstes Stanislaw Dziwisz, der ihn stützt.

Foto: © picture alliance / dpa

Der spanische Traditionalisten-Priester Juan Fernandez Krohn wird am 12. Mai 1982 von Sicherheitsbeamten überwältigt, nachdem er im portugiesischen Marienwallfahrtsort Fatima versucht hatte, sich mit einem Bajonett auf Papst Johannes Paul II. zu stürzen.

Schweizer in Rom einen geeigneten Typ für eine dreimonatige Sommervertretung suchten. Steger bekam den Job. Und so konnte er später daheim berichten: „Die Grundausbildung bei der Garde dauerte 18 Tage. Selbtverteidigung lernten wir beim Trainer der italienischen Judo-Olympiamannschaft. Dann, in der ersten Dienstschicht Schildwache vor dem vatikanischen Bronzetor. Zwei Stunden mit Hellebarde regungslos stehen. Falls allerdings ein Unbefugter in den Papstpalast eindringen will, muss sogleich der Arm nach oben in die Waagerechte schnellen und der Gardist ‚Halt!' rufen."

Der Einsatzrhythmus im Gardedienst? Zwei Tage Wache, ein Tag frei. Aber frei hat man, so berichtete Steger später, nur „wenn nichts dazwischenkommt". Und es kam sehr oft etwas dazwischen: Papstaudienzen, Messen, Präsenz bei wichtigen Anlässen. „Einmal wurde ich nach Castelgandolfo beordert, weil Vaclav Havel den Papst besuchte."

Die Schutzengel und die „Schmutz"engel

Lässt man die wechselhafte Geschichte der päpstlichen Militärkorps Revue passieren, so wird deutlich, dass der Schutz des Lebens der Päpste stets klar im Bewusstsein war und ist. Strukturiert ist er erst vom Beginn des 16. Jahrhunderts an. Vor dieser Zeit war das Thema Sicherheit auch eine Frage, die jedoch von Zeit zu Zeit ihre eigenen Antworten fand. Von 1500 bis zur Französischen Revolution (und bis zur Ersten Römischen Republik) hingegen war ganz eindeutig, wer für diesen Schutz stand: die Cavalleggieri, die Lanzenreiter und die Schweizer Garde.

Die Ursprünge der ersten beiden Korps überschneiden sich, und man kann – ganz am Anfang – den Personalbestand auf drei Quellen zurückführen: aus der Bevölkerung Roms, aus dem Adel und aus nicht aus der Schweiz stammenden Söldnern. Später hingegen gab es nur noch Schweizer Söldner. In einer dritten Phase waren alle aus dem Adel, denn in der Zwischenzeit waren auch die ersten „Leute aus dem Volk“ in die Aristokratie aufgestiegen. Ihre Kommandanten wurden immer direkt vom Papst gewählt, und zwar meist aus seiner eigenen Verwandtschaft. Das ist ja durchaus legitim, wenn es um den Schutz des eigenen Lebens geht, aber es sagt auch viel aus über das damals herrschende Misstrauen.

Wie rechtfertigt man die Präsenz der Schweizer? Die Schweizer Garde besteht bis zum heutigen Tag aus Söldnern, die für ihren Militärdienst bezahlt werden. Das führt zu dem Gedanken, dass die Päpste in der Vergangenheit für ihre persönliche Sicherheit immer auf verschiedene militärische Strukturen zurückgreifen mussten, da auch sie darauf angewiesen waren, was dieser „Markt“ bot. Ein solch differenziertes Sicherheitssystem ist effektiver, weil man es besser unter Kontrolle halten kann und nicht auf die Loyalität einer einzigen Truppe angewiesen ist.

Die Leibwachen versahen ihren Dienst sowohl innerhalb der vatikanischen Mauern als auch in der Stadt Rom, im Kirchenstaat und auf Reisen des Papstes (bis 1870). Der Heilige Stuhl beurteilte das Mosaik des Gefüges der Mächte – einige davon waren Verbündete, andere Gegner der Päpste – im Laufe der Jahrhunderte so, dass man es als besser erachtete, über persönliche Garden aus verschiedenen ethnischen und sozialen Schichten zu verfügen.

In der Zeit zwischen 1870 und 1929 war das Problem relativ einfach, weil die Päpste den Vatikan nicht verließen. Seit 1929 bis heute ist die Frage der Sicherheit (wenn man von den großen Auslandsreisen mal absieht) in zwei verschiedene Bereiche geteilt: im Innern des Vatikans und auf dem italienischen Staatsgebiet, für das operativ der italienische

Staat zuständig ist. Die Sicherheit innerhalb des Vatikans lag bis 1970 in den Händen verschiedener militärischer Formationen, der päpstlichen Gendarmerie, der Palatin-Ehrengarde, der Nobelgarde und der Schweizer Garde.

Seit 1970 sind die Schutzengel des Papstes im Innern des Vatikans und auf Reisen die Soldaten der Schweizer Garde und die Beamten des päpstlichen Wachkorps. Im Laufe der Zeit haben sich die Verteidigungstaktiken geändert. Die Angehörigen der Schweizer Garde sind die ganz nahen Schutzengel bei Attentaten mit blanker Waffe und Versuchen einer Entführung, wo sie gegebenenfalls ein menschliches Schutzschild bilden. Das Wachkorps hingegen übernimmt nicht nur polizeiliche Aufgaben und stellt Männer zur Verfügung, die dem Papst bei seinen Ausflügen und Reisen immer zur Seite sind, sondern dient auch als Kontaktstelle mit dem italienischen Amt für Öffentliche Sicherheit im Vatikan. Dieses Amt ist kraft der Lateranverträge für den äußeren Schutz des Vatikanstaates zuständig, wozu auch der Petersplatz gehört und der nicht abreißende Strom von Gläubigen und Touristen, die Tag für Tag die größte Kirche der Welt besuchen. Das Amt hat die Aufgabe der Verbindung zwischen Italien und dem Heiligen Stuhl in juristischen Angelegenheiten und in Fragen der Sicherheit. Es beschäftigt sich auch mit anderen Angelegenheiten wie Aufenthaltsgenehmigungen für ausländische Ordensleute für das italienische Staatsgebiet und ist in besonderer Weise für die Sicherheit des Heiligen Vaters zuständig, wenn sich dieser auf italienischem Territorium aufhält. Diese ganzen Aktivitäten sind in den letzten Jahrzehnten erheblich verstärkt und verbessert worden, da der Vatikanstaat aufgrund der internationalen Entwicklung zum möglichen Ziel eines terroristischen Angriffs geworden ist.

Die Verbindungsfunktion zwischen internen und externen

Sicherheitsorganen ist von enormer Bedeutung, denn es ist ein grundlegendes Kapitel des Sicherheitsproblems, wer diese Funktion ausübt und welche Absichten er dabei verfolgt – ein gleichermaßen bedeutendes wie überwiegend „unsichtbares“ Kapitel. Seit die Botschaften des Papstes nicht mehr von Rittern zu Pferd an die europäischen Höfe gebracht oder auf langen Schiffsreisen in die überseeischen Missionsländern gelangen, kann man die enorme Bedeutung dieser Kontakt- und Schnittstelle gar nicht mehr ermessen. Nicht alles, was man heute unter dem Begriff Kommunikation versteht, im Besonderen der geheimen Kommunikation, ist sichtbar.
Weit über diese Funktion des eigenen Wachkorps hinaus hat der Heilige Stuhl heute Verbindungen zur UNO, zur Welthandelsorganisation (WTO), zum Internationalen Währungsfonds (IWF), zur NATO, zu den Regierungen in den verschiedenen Ländern, zu den Weltreligionen, aber auch zu kleineren Religionsgemeinschaften. An der Spitze steht eine Gruppe, die strategisch plant und operativ wirkt: der engste Mitarbeiterstab des Papstes. Und man weiß, dass im Mitarbeiterstab des Papstes die Frage der Sicherheit von Fall zu Fall angegangen wird, in der Weise, wie man es jeweils für angemessen hält. Was da entschieden wird, weiß man nicht und kann man deshalb auch nicht deuten, es sei denn, dass etwas an die operativen Stellen des Heiligen Stuhls oder an vertrauenswürdige äußere Verbündete weitergeleitet wird, die – das darf man nie vergessen – „sichtbar“, aber auch „unsichtbar“ sein können.

Die persönliche Sicherheit des Papstes ist eine Frage, die im Laufe der Jahrhunderte immer mehr an Bedeutung zugenommen hat und gegenwärtig Personen und Zentren der Macht, aber auch Zusammenkünfte auf nationaler und internationaler Ebene betrifft. Von Kofi Annan bis zum Dalai Lama, von Bush bis Putin, von Sharon bis Abbas, sie alle antworten gegebenenfalls dem Papst direkt am Telefon oder erwidern eine E-Mail des Papstes beziehungsweise der Person, die sich in seinem Namen äußert. In der Vergangenheit verbündeten sich die Mitarbeiter der Päpste mit Herrschern, Bankiers, Söldnern und Invasoren ... Die Päpste lebten in Koexistenz mit Monarchien, faschistischen, sozialistischen und kommunistischen und liberalen Regierungen. Heute, mit der Politik der Neutralität und der großen Vergebung, die von den letzten Päpsten praktiziert wurde, hat der Papst offiziell keine erkennbaren Feinde. Johannes Paul II. demonstrierte das ganz offen, sodass seine eigenen Sicherheitsdienste fast machtlos waren, da er sich Gefahren aussetzte weit über das hinaus, was für „sicher" gehalten wurde. In Wirklichkeit gibt es jedoch durchaus Feinde, und die Aggressoren offenbaren sich immer wieder in der Geschichte und sind auch geografisch zu orten. Oft agieren sie unter dem Deckmantel terroristischer Gruppierungen oder bedienen sich psychisch gestörter Einzeltäter.

Es ist ganz klar, dass viele Schutzengel des Papstes keine Uniformen und keine Waffen tragen. Man weiß, dass die wichtigsten unter ihnen in der Kurie und in unmittelbarer Umgebung des Papstes tätig sind. Aber es gibt eben auch die „Schmutz"engel, die gleich den gefallen Engeln der geheimen Offenbarung des Johannes (z.B. Offb 12,9) ihrerseits nicht allein agieren, sondern auch ihre Verbindungen und Netzwerke haben und nutzen. Diese bleiben jedoch immer im Unsichtbaren, und ihre verschiedenen Kanäle erscheinen wie ein Labyrinth. So können leider immer wieder unerklärliche Gräueltaten und Frevel geschehen oder zumindest geplant werden. Und die Frage, wer dafür die Verantwortung trägt, verliert sich dann nicht selten im Reich der Fantasie.

Spionage und der Nachrichtendienst des Heiligen Stuhls

Das ist ein ziemlich sperriges und heikles Thema, das jedoch unbedingt zur Sprache gebracht und ausführlich behandelt werden muss. Es müsste eigentlich so dokumentiert werden, wie es im Rahmen dieser Veröffentlichung nicht möglich ist. In jedem Falle ist es wichtig, auf Folgendes hinzuweisen: Angesichts der politischen Rolle, die der Heilige Stuhl spielt, steht es außer Frage, dass Spione und viele bedeutende Nachrichtendienste seit jeher vitales Interesse daran hatten, geheime Informationen zu bekommen über die strategischen Pläne, die geistigen Orientierungen und alles, was in irgendeiner Weise Einfluss auf das Gleichgewicht der Macht in den Ländern hat, in denen die Kirche tätig ist. Darüber ist seit jeher viel spekuliert worden.

In gleicher Weise ist klar, dass diese Männer in unterschiedlicher Weise Einfluss auf die persönliche Sicherheit des Papstes hatten und haben. Die wilden Spekulationen haben oft viel Widersprüchliches zu Tage gefördert. Fast immer stehen solche Meldungen im Rahmen eines undurchschaubaren weitläufigen Geflechts von Bezeichnungen, Namen, Daten und Fakten, mit dem man sich nicht abgeben kann und auch gar nicht will. Wir werden uns deshalb auf einige Informationen beschränken, um darzulegen, dass es im Vatikan Spione gibt.

Eine mittlerweile ziemlich bekannte und nicht dementierte Geschichte betrifft zwei Päpste. In einem Artikel von Ennio Caretto im *Corriere della Sera* vom 26. August 2003 ist zu lesen: Im Juli 1944 kam William Donovan als Gesandter des

Präsidenten Roosevelt zu einer Audienz bei Pius XII. Dieser Mann war „Chef des US-Geheimdienstes und suchte Hilfe beim Papst in drei Angelegenheiten: Befreiung Norditaliens von den Deutschen; Verteidigung der aufkommenden demokratischen Republik vor dem Kommunismus; Spionage in Berlin und in Tokio. Donovan hatte im Vatikan einen Gewährsmann, den Dominikaner Feliz Morlion, der Gründer des Werkes *Pro Deo* war. Der Chef des US-Geheimdienstes drängte jedoch auf die Zusammenarbeit mit dem jungen Msgr. Giovanni Battista Montini, der damals designierter Staatssekretär war und 1963 Papst Paul VI. wurde". Eine Recherche in den Archiven in Washington hat ergeben, dass Donovan Montini ein Ja abringen konnte. Montini lieferte also 20 Jahre lang dem US-Nachrichtendienst geheime Informationen, unter anderem über die Strategien der kommunistischen Partei in Italien. Die Amerikaner waren mit der Zusammenarbeit sehr zufrieden. Als 1946 in Italien die Frage einer Wiedereinführung der Monarchie anstand, waren Pius XII. und sein Substitut Montini dem zugeneigt. Montini bekam einen eigenen Verbindungsmann, James Angleton, der Washington über seine Kontakte beim Heiligen Stuhl informierte. Aufgrund eines Volksentscheids siegte damals in Italien die Republik als Staatsform.

Von 1946 an arbeitete der vatikanische Nachrichtendienst mit dem US-Geheimdienst zusammen. In den nachfolgenden Jahrzehnten ging es vor allem um gemeinsame Strategien in Lateinamerika. Nach gut informierten Quellen, wie etwa dem Internet (www.cvni.net) zu entnehmen ist, wurde der Vatikan wegen seiner engen Zusammenarbeit mit der CIA in den späten sechziger und achtziger Jahren auch für Spione Osteuropas besonders interessant. In jener Zeit lieferte die CIA dem Vatikan dem Weißen Haus vorbehaltene Informationen und machte diese dem Papst per

Satellitenübertragung zugänglich. General Vernon Walters, damals stellvertretender Chef der CIA, besuchte Johannes Paul II. in den Jahren 1981 bis 1988 insgesamt sieben Mal. Das waren die Jahre nach dem Attentat von Ali Agca. Nach diesem dramatischen Ereignis darf man mit Recht davon ausgehen, dass die Frage der Sicherheit und der Schutz des Papstes, vor allem auf seinen internationalen Reisen, der CIA und den Nachrichtendiensten der NATO-Länder ein besonderes Anliegen war. Die Besuche eines der führenden Geheimdienstleute der USA bezeugt auch Alessandro Cassieri, ein italienischer Fernsehjournalist, der ein Buch darüber veröffentlichte. Darin schreibt er, dass Anfang der achtziger Jahre einer der erfahrensten amerikanischen Diplomaten, Vernon Walters, mit einer geheimen Mission betraut wurde, die gemeinsamen Interessen des Weißen Hauses und des Vatikans gegenüber dem Kommunismus zu stärken. Vernon Walters war also über mehrere Jahre regelmäßig in geheimer Mission im Vatikan.

Wegen der Unterstützung des Papstes für die neue Gewerkschaft Solidarność in Polen waren theoretisch alle Geheimdienste der Warschauer-Pakt-Staaten am Vatikan interessiert. Es wurde versucht, Informationen von Leuten aus dem Klerus zu bekommen, man suchte Verbindungen zu Priestern aus Polen, Ungarn, Bulgarien, der Tschechoslowakei, Litauen und weiteren Ländern, um den Vatikan auszuspionieren.

Oberst Alois Estermann, der Kommandant der Schweizer Garde mit weiten Befugnissen und Verantwortung für die Sicherheit des Papstes, kam in die Schlagzeilen, als man ihn zusammen mit seiner Ehefrau Gladys Meza Romero und dem Unteroffizier Cédric Tornay tot auffand. Es gab das Gerücht, Tornay sei Stasi-Spion gewesen und habe für den Geheimdienst der DDR gearbeitet. Die Stasi stand im Verdacht, im Vatikan auch an dem spurlosen Verschwinden der 15-jährigen Emanuela Orlandi beteiligt gewesen zu sein. Dieser Fall der Entführung der Tochter eines Vatikan-Mitarbeiters ereignete sich im Juni 1983, zwei Jahre nach dem Attentat auf den Wojtyła-Papst, und wurde nie aufgeklärt.

Am bekanntesten ist wohl die Behauptung, der bulgarische Geheimdienst sei in einen Plan verwickelt gewesen, den Papst zu töten. Die Niederlassungen der Airlines, die Reisebüros und natürlich die Botschaften der Ostblockländer sollen ausgezeichnete Deckadressen für alle möglichen Unternehmungen und Intrigen gewesen sein.

Im Jahr 2001 sind in einer dicken Broschüre detaillierte Berichte und viele Indiskretionen über die Aktivitäten von Johannes Paul II. an die Öffentlichkeit gelangt. Dieser Dokumentation war zu entnehmen, dass der italienische Geheimdienst in der Zeit zwischen 1979 und 1981 den Vatikan systematisch abgehört habe. Sie wollten wissen, wie der Papst über die italienische Politik dachte und welche Rolle er in Bezug auf die Solidarność und die damit einhergehende Krise des Kommunismus in Polen einnahm.

1993 schrieb Bruno Bartolini im *Corriere della Sera*: „Rom war immer und ist weiterhin eine Stadt mit vielen Spionen" und zitierte ein unveröffentlichtes Manuskipt des Jesuiten Robert Graham, der zu den vier Personen gehörte, denen damals der Zugang zu den Geheimarchiven des Vatikans erlaubt war. Klar, der Vatikan wird überwacht, und sicher verstärkt dann, wenn in einem Konklave ein neuer Papst gewählt wird. Das war 1978 auf jeden Fall so.

Wenn man realistisch urteilt, sind solche Aktivitäten eigentlich unvermeidlich. Sie sind eine Bestätigung dafür, dass der Vatikan für die Nachrichtendienste aller Staaten eines der Zentren ihrer Beobachtungen ist. Man braucht ja nicht zu erwähnen, dass die Kirche weltweit einen enormen

Einfluss hat und dass Äußerungen und Meinungen des Papstes zur Vermittlung in Konflikten beitragen können und die Diplomatie, die mit den Krisen in der Welt einhergeht, mitbestimmen. Eine Sache ist es, Spionage beim Heiligen Stuhl zu betreiben, eine andere, sich davor zu schützen. Johannes Paul II. war sicher nicht der einzige Papst, der ausspioniert wurde. Wahrscheinlich hat sich der italienische Geheimdienst – und wer weiß, welche anderen noch – durchaus nicht darauf beschränkt, ihn nur in den ersten Jahren seines Pontifikats genau zu beobachten, sondern auch später im Blick auf die Machtverhältnisse in verschiedenen Zeitpunkten der jüngsten Geschichte.

Nach einer Untersuchung der zur Verfügung stehenden Dokumente vor einigen Jahren sind über Johannes Paul II. in der Zeit 55 Berichte verfasst worden, in deren Mittelpunkt drei Themenbereiche standen: Polen und die russische Regierung, die italienische Politik und ihre Parteien sowie Konflikte innerhalb der Kurie, mit anderen Worten: Außenpolitik, italienische Innenpolitik und interne Vorgänge im Vatikan selbst. Der italienische Geheimdienst muss über Informanten innerhalb der Kurie selbst verfügt haben.

Verfügt der Vatikan über ein eigenes Spionagenetz?

Im Innern des Vatikans soll es in den beiden letzten Jahrhunderten viele Spionageaktivitäten gegeben haben. Nach dem Wiener Kongress soll es begonnen haben, koordiniert von Kardinal Consalvi, gegen verschiedene Geheimbünde gerichtet. Mit der Säuberung von „Reformern“ der Kirche soll es weitergegangen sein. Nach dem Ersten Weltkrieg sollen deutsche und faschistische Agenten eingeschleust worden sein, um zu versuchen, die Außenpolitik des Heiligen Stuhls zu beeinflussen. Zwischen der Kremlführung und dem KGB kam es zu „geheimen Auseinandersetzungen“, was definitiv zur Zusammenarbeit zwischen dem Vatikan und den Nachrichtendiensten der Engländer und Amerikaner geführt haben soll.

Der Vatikan verfügt über ein Informationsnetz, das als das effektivste und umfassendste der ganzen Welt betrachtet wird. Die kirchlichen Strukturen mit Pfarrgemeinden, Bischofssitzen, Missionen, religiösen Orden und Gemeinschaften, katholischen Universitäten und all dem anderen, was weltweit zur katholischen Kirche gehört, sind als solche wohl das größte existierende Informationsnetz überhaupt. Zu diesen Informationen gehören (ganz offiziell) Zahlen über Geburten und Sterbefälle sowie in der Kirche geschlossene Ehen, aber auch (nicht offiziell) Informationen, die von Gläubigen im Blick auf die unterschiedlichsten Themen zusammengetragen werden: Fragen des persönlichen Lebens und der Moral, aber auch öffentliche Meinungen, soziale Fragen, Themen aus den Bereichen Politik, Wirtschaft und Wissenschaft. Die Katholiken und die christlichen Kirchen haben weltweit eine Fülle von Kontakten mit den Machthabern und Entscheidungsträgern dieser Erde.

Die Kirche von Rom, zu der über eine Milliarde Gläubige gehören (über die Hälfte aller Christen insgesamt), ist als solche ein einflussreiches Informationssystem. Sie verfügt über viele „Sensoren“ in allen Schichten der Weltbevölkerung. Es gibt nur ganz wenige Bewohner in den Ländern, wo Christen leben, über die die katholische Kirche keine Informationen einholen könnte. Dieses Netz hat sich durch die weltweite Missionstätigkeit im Laufe der Jahrhunderte immer weiter ausgedehnt. Innerhalb dieses Informationssystems gibt es natürlich Personen, die aktiv an der Auswertung dieser Informationen und dem Umgang mit ihnen beteiligt sind. In der Vergangenheit haben sie nicht immer optimal agiert beziehungsweise reagiert. Jedenfalls sind Risiken und Gefahren falsch eingeschätzt worden, was die Geschichte der Attentatsversuche und Mordanschläge auf Paul VI. und Johannes Paul II. deutlich bezeugt.

Gegenwärtig hat sich die Szene komplett verändert. Die Nachrichtendienste verfügen über verschiedene Instrumente, die man grob in vier Ebenen einteilen kann: menschliche Kontakte, Nachrichten, Fotoaufnahmen und Einschätzungen. Von diesen vier beschäftigt sich hauptsächlich die erste mit der Sammlung von Informationen durch Observation oder direktes Abhören. Damit verbindet sich das traditionelle Verständnis von einem Geheimagenten oder Spion. Die gesamte elektronische, akustische und aus öffentlichen Quellen gespeiste Nachrichtenermittlung nutzt hingegen teilweise Infrastrukturen, die wenig bekannt sind, aber ständig weiterentwickelt und verbessert werden.

Hinsichtlich dieser neuen Formen der Aufklärung scheint der Vatikan nicht sonderlich gut gerüstet zu sein. In jedem Fall jedoch bewegen sich in der Umgebung des Papstes und der Spitzen der Kurie mit großer Diskretion wichtige Personen, die als Verbindungsleute dienen und die von den „verbündeten“ internationalen Nachrichtendiensten gelieferten Informationen auswerten. Die Reisen des Papstes sind ein konkretes Beispiel abgestimmter Aktivitäten zwischen den Strukturen der internationalen Geheimdienste und dem Nachrichtendienst des Heiligen Stuhls.

All das führt zu ein paar Überlegungen: Es gibt eindeutig einen eigenen vatikanischen Nachrichtendienst, auch wenn dieser andere Strukturen aufweist als heute gemeinhin üblich. Eines seiner Probleme besteht darin, ob er den Mitteilungen, die er von Nachrichtendiensten bekommt, die mit ihm verbündet sind oder mit denen er zusammenarbeitet, vertraut oder nicht. Welchen Stellenwert im Vatikan die Informationen haben, die vom deutschen BND, vom englischen MI6, von der CIA, vom italienischen Geheimdienst oder anderen Diensten kommen, wissen wir nicht. Wir wissen jedoch, dass sie mit Informationen aus dem eigenen Nachrichtennetz verglichen werden. Die Ergebnisse aus diesem Abgleich dienen dann der Orientierung für den Entscheidungsprozess bezüglich der Sicherheit des Vatikans und des Papstes.

Msgr. Benigni und das Sodalitium Pianum

Der gegenwärtige „interne" Nachrichtendienst des Vatikans verdankt seinen Ursprung und seine Entwicklung einer Struktur, die historisch unter der Bezeichnung *Sodalitium Pianum* bekannt wurde. Msgr. Umberto Benigni gründete diese Organisation und wurde so zum ersten Chef der „Geheimagenten" des Vatikans im 20. Jahrhundert. Über seine Person kam es zu einer finsteren Legendenbildung.

Benigni wurde 1862 in Perugia geboren. Er sammelte zunächst Erfahrungen im Journalismus und in historischer Recherche, wurde dann ins Staatssekretariat berufen und 1906 zum Hausprälaten Seiner Heiligkeit Pius' X. ernannt. In dieser Funktion gründete er 1907 die *Correspondenza Romana*, eine Art Nachrichtenagentur, die ein Jahr später in *Sodalitium Pianum* umbenannt und auch unter der französischen *La Sapinière* bekannt wurde. Dank seiner Fremdsprachenkenntnisse und vieler Beziehungen auf internationaler Ebene strukturierte Benigni auch den ersten Pressedienst des Heiligen Stuhls. Das einflussreiche Sodalitium Pianum, das formell nie anerkannt wurde, erlebte sehr wechselvolle Zeiten und wurde nach dem Tode Pius' X. aufgelöst, 1915 reaktiviert, dann aber 1921 endgültig aufgelöst.

In den Jahren seines Wirkens im Vatikan wurde Msgr. Benigni oft der Denunziation und Spionage bezichtigt, der dabei seine Nachrichtenagentur als Deckmantel nutzen würde. Katholische Kirchenhistoriker äußern, er sei geheimdienstlich tätig gewesen und habe über ein Netz von Informanten in den wichtigsten Städten Italiens verfügt. Darüber hinaus soll er gute Verbindungen zu den Korrespondenten namhafter Zeitungen gehabt haben, wie Times und Daily News. Es ist also nicht auszuschließen, dass seine Mitarbeiter regelrecht Spionage betrieben.

Was die Person Msgr. Benignis und das Sodalitium Pianum betrifft, gibt es viele widersprüchliche Stimmen. Diese Organisation war in jedem Fall ein effizientes und sicheres Informationssystem in ganz unterschiedlichen Bereichen des religiösen und politischen Lebens. Um die Sicherheit der Korrespondenz zu gewährleisten, wurde ein entsprechender Code benutzt, und zur Erkenntnisgewinnung bediente man sich aller legalen Mittel mit außergewöhnlichem Geschick. Vom Zeitpunkt der endgültigen Schließung des Sodalitium im Jahre 1921 bis zu seinem Tod 1934 bekleidete Benigni kein offizielles Amt mehr und war in der Lehre tätig.

Eine ganz andere Organisation des Heiligen Stuhls, die Interesse auf sich lenkte, ist das Russicum, das Päpstliche Russische Kolleg. Es wurde 1927 gegründet, um die katholischen Russen unter der Sowjetherrschaft zu unterstützen, aber auch Priester auszubilden, die in den kommunistischen Machtblock entsandt wurden. Das Russicum war ein Ausbildungszentrum für Priester, deren Aufgabe wohl auch darin bestanden haben dürfte, geheime Informationen weiterzuleiten, die dem Vatikan dienlich sein konnten.

Johannes Paul I. – ein Mordanschlag?

Nach nur 26 Stunden Konklave, im dritten Wahlgang, wurde 1978 Albino Luciani, der Patriarch von Venedig, Papst. Als Erster in der Geschichte des Papsttums nahm er einen Doppelnamen an: Johannes Paul I. Er war ein Stellvertreter Christi, der für sich selbst nicht mehr den Pluralis majestatis gebrauchte und als lächelnder Papst in die Geschichte einging. Nur 33 Tage währte sein Pontifikat. Ihm wird nachgesagt, dass er die Absicht gehabt haben soll, Klarheit in die Finanzen des Vatikans zu bringen, in besonderer Weise in die Vorgänge des von Paul Marcinkus geleiteten Istituto per le Opere di Religione. Und das führte auch zu der Spekulation, diese Absichten seien ihm zum Verhängnis geworden.

Er wurde am Morgen des 29. September 1978 tot aufgefunden. Die Ärzte bescheinigten, dass er bereits am Abend vorher einem Herzinfarkt erlegen war. Das Gerücht, er sei vergiftet worden, verbreitete sich, doch niemand konnte konkrete Beweise vorlegen.

Die ersten Jahre des Pontifikats von Papst Johannes Paul II.

Der Papst und die Medien

Am Tage seiner Wahl war er für die Medien zunächst der „polnische Papst, der aus der Ferne kam". In der Zeit der Besatzung Polens durch die Nazis hatte Karol Wojtyła in Krakau ein Priesterseminar im Untergrund besucht und in dem Zusammenhang selbst das Wort „Katakomben" verwendet. Damit brachte er ein Bewusstsein zum Ausdruck, das er auch mit seinem neuen Amt als Stellvertreter Christi verbunden haben dürfte: Die Möglichkeit eines Martyriums war ihm nicht fremd! Die Journalisten nahmen das im persönlichen Gedankenaustausch untereinander mit einer Mischung aus Staunen und Wertschätzung zur Kenntnis. Dieser Papst war gut für Nachrichten – und daher für die Medienleute eine wertvolle Ware. Er war Arbeiter gewesen, sprach hervorragend Russisch und eine ganze Reihe weiterer Sprachen. So etwas zählt bei den Vertretern der Medien.

Ganze Bündel von Mikrofonen wurden ihm oft entgegengehalten, und auf dem Petersplatz war er stets von vielen Menschen umringt. Wenn er sich sonntags zum Angelus-Gebet oben am Fenster zeigte, wendete er sich an die ganze Welt und legte ein bisher in dieser Weise nicht gekanntes Zeugnis ab. Er sprach davon, die Menschen sollten sich neu auf den Weg zu Christus machen. Er setzte sich für den Frieden und die Einheit sowie für die Überwindung der Barrieren zwischen den Völkern ein. Seine Worte waren keine rhetorischen Formeln. Es war eindeutig und auf Anhieb wahrnehmbar, dass er mit seiner ganzen Person dahinter stand und aus einem tiefen Glauben an Gott schöpfte. Bei allem Respekt, seine Auftritte machten Schlagzeilen. Und für die Medien ist das am wichtigsten, das zählt für sie mehr als alles andere.

Die Vorstellung, der Papst könnte ein Märtyrer werden, festigte sich in vielen Köpfen der Medienvertreter.

Andererseits ließ sich der Papst selbst nicht davon abhalten, sich allen möglichen Gefahren auszusetzen. Warum nicht?

Das Ende der siebziger Jahre war noch vom Kalten Krieg beherrscht, doch wohl niemand dachte wirklich daran, dass der Papst ganz persönlich in extremer Weise herausgefordert werden würde, wenngleich diese Möglichkeit nicht ausgeschlossen wurde. Zu jener Zeit war die Sicherheit des Wojtyła-Papstes in erster Linie ein Anliegen seiner engsten Mitarbeiter und derer, die seine Sicht der Geschichte teilten und unterstützten. Die Herausforderung zwischen den Medien und dem Papst war im Bereich der Fakten gegenseitig akzeptiert: ein Maximum an Öffentlichkeit gegen die Gefahr des Lebens, mit anderen Worten: „Du Papst als möglicher Märtyrer, wir Medien als Echo und Verbreiter deiner Ikone, aber... wenn du stirbst, dann stirbst du live." Die Absurdität medialer Berichterstattung hatte nie zuvor ein vergleichbares Niveau der Perversion erreicht. Aus der Sicht des Papstes hingegen war das anders: Er akzeptierte dies, weil es ihm richtig erschien, ja sogar Teil seiner Verkündigung war, den Spuren des Gottesvolkes zu folgen und so neue Wege des Apostolats zu erschließen.

Am Beginn seines Pontifikats waren deshalb die Medien die hauptsächliche Gefahr für ihn, nicht weil sie ihn physisch angreifen konnten, sondern weil sie ihn zu extremen Verhaltensweisen veranlassten. Diese Herausforderung kam nicht von heute auf morgen, sie entwickelte sich auch nicht im

Laufe eines Monats oder eines Jahres, sondern schrittweise, von einem Sonntag zum nächsten.

Die Kardinäle aller Kontinente erwiesen dem Nachfolger Petri nach seiner Wahl ihren Gehorsam. Kardinal Wyszyński, der damalige Primas der Kirche Polens, legte sein Versprechen des Gehorsams ab in die Hände des neu gewählten Pontifex. Das war im Oktober 1978. Kaum war das Weihnachtsfest vergangen, ging Johannes Paul II. auf Reisen. Vergessen wir nicht, dass es ihm darum ging, neue Wege des Apostolats zu gehen. Dass er nicht sofort in sein Heimatland Polen reiste, dürfte ihn viel gekostet haben. Seine erste Auslandsreise ging in die Karibik. Anfang Januar 1979 besuchte er die Dominikanische Republik, Mexiko und die Bahamas. In sieben Tagen und neun Stunden legte er eine Strecke von fast 24.000 Kilometern zurück und hielt 36 Ansprachen. Die Medien waren begeistert, vor allem in den spanischsprachigen Ländern. Die Sensationspresse jedoch kommentierte, in traditionell katholischen Ländern habe er ja ein „Heimspiel“, doch wann würde er in die Länder hinter dem Eisernen Vorhang gehen? Und Papst Wojtyła gab prompt die Antwort, als ob er ihre Gedanken gelesen hätte: „Im Juni! Anfang Juni reise ich für eine Woche nach Polen.“ Und so war er am 1. Juni 1979 in Tschenstochau. Die Sicherheitsprobleme waren immens. Aber er war da, sozusagen im Hause seiner Henker. Er hatte die Herausforderung angenommen! Als Lohn dafür erreichte er, dass die Kirche des Schweigens wieder eine Stimme bekam. Die Medien waren überall zur Stelle und wirkten mit großem Fleiß in ihrer Berichterstattung.

Wojtyła zog die Aufmerksamkeit der Weltöffentlichkeit auf sich und enttäuschte die Erwartungen nicht: Anfang Oktober entschloss er sich zur Begegnung mit den Menschen englischer Sprache. Nach einem kurzen Aufenthalt in Dublin überquerte er den Atlantik. In New York wartete die Generalversammlung der UNO auf ihn. Diese Zusammenkunft mit Vertretern aus der ganzen Welt machte den 2. Oktober 1979 zu einem historischen Tag. Johannes Paul II. hatte die Medien hinter sich, die wie ein Resonanzkörper dieser Botschaft wirkten: „Die katholische Kirche verbreitet an allen Orten der Welt eine Botschaft des Friedens, sie betet für den Frieden und tritt für die Friedenserziehung der Menschen ein."

Erste Reisen in Italien

In jener Zeit schied der damalige Leiter der Generalinspektion der Staatlichen Polizei im Vatikan, Dr. Valenti, aus seinem ebenso honorigen wie nicht ganz einfachen Amt. An seine Stelle trat im Dezember 1979 Francesco Pasanisi. Das war ein Mann, der als Personenschützer schon viel Erfahrung hatte, da er zuvor im Präsidialamt der italienischen Republik unter Sandro Pertini die gleiche Aufgabe hatte.

Der Papst besuchte in seiner Funktion als Bischof von Rom in gewisser Regelmäßigkeit römische Pfarrgemeinden und reiste in verschiedene Städte Italiens. In einer Ansprache vor der Kurie bezeichnete er das als Besuche der Kirche vor Ort, die sichtbar werden lassen sollten, welchen Stellenwert die Ortsgemeinden in der Dimension der Weltkirche haben. Wojtyła erfreute sich damals einer überaus robusten Gesundheit, war ungemein aktiv und bekundete seinen Willen, den Gläubigen nahe zu sein. All seine Besuche auf italienischem Boden folgten jedoch einem strengen und ziemlich festgelegten Reglement.

Die italienischen „Schutzengel" (Beamte der Generalinspektion der italienischen Polizei im Vatikan, der Polizeichef im jeweiligen Stadtviertel, der Kommandant der Kompanie der Carabinieri von Sankt Peter und der Leiter des Verkehrsamtes im Polizeipräsidium) trafen sich vorher gegenüber dem Tor in der Nähe der Piazza del Santo Uffizio. Sie überprüften mit Leuten aus dem Vatikan, ob alle Maßnahmen getroffen waren und dass es keine Veränderungen in letzter Minute gäbe. Dann fuhr man von dort aus los.

Die Wagenkolonne bestand aus acht bis neun Fahrzeugen, selbst auf kurzen Strecken, und war ziemlich eindruckerweckend. Voraus fuhr das Auto des Verkehrsamtes, gefolgt vom Wagen der Inspektion der italienischen Polizei im Vatikan, in dem deren Leiter saß. Der Wagen des Papstes war das dritte Fahrzeug, ein schwarzer Mercedes mit dem Kennzeichen SCV 1, ausgestattet mit einem Verdeck, das man herunterklappen konnte. Der Papst wollte nicht, dass dieser Wagen gepanzert wurde. Man hatte ihm das gleich nach seiner Wahl vorgeschlagen. Er stand während der Fahrten im Wagen gerne auf, erteilte den Segen, wechselte ein paar Worte mit den Leuten und schüttelte Hände. All das wäre in einem gepanzerten Fahrzeug nicht möglich gewesen. Im Wagen des Papstes neben dem Chauffeur saß Angelo Gugel, der persönliche Kämmerer des Papstes. Auf dem Rücksitz gegenüber Johannes Paul II. nahm immer Stanislaus Dziwisz Platz, sein polnischer Privatsekretär. Dem schwarzen Mercedes folgte ein weiteres Fahrzeug des Vatikans, in dem der Präfekt des Päpstlichen Hauses, Erzbischof Martin, saß, sowie ein Prälat aus dem Vorzimmerbereich. Der Leibarzt, Prof. Buzzonetti, war in einem dritten Wagen des Vatikans, und in einem weiteren saßen Beamte vom vatikanischen Wachkorps. Manchmal fuhren in einem fünften Wagen des Vatikans Journalisten des Osservatore Romano oder von Radio Vatikan und autorisierte Fotografen mit. All diesen Wagen folgte in der Kolonne ein weiteres Fahrzeug der italienischen Polizei. Im letzten Wagen des ganzen Konvois saßen Agenten der Antiterror-Organisation DIGOS. Sechs Verkehrspolizisten auf Motorrädern eskortierten, angeführt von einem Offizier, seitlich das Fahrzeug des Papstes, während ganz vorn Polizeibeamte auf Motorrädern der ganzen Wagenkolonne den Weg freimachten.

In den ersten Monaten des Jahres 1980 wurde auf Vorschlag von Pasanisi die Zusammenstellung der Begleitfahrzeuge etwas verändert. Er fügte ein weiteres Fahrzeug der Polizeiinspektion ein, das gleich hinter dem Fahrzeug mit dem Papst fuhr. Anfänglich löste diese Neuerung Unverständnis unter den Mitarbeitern des Papstes aus, denn sie sahen das als Trennung zwischen ihnen und dem Heiligen Vater an. Doch in der Folgezeit wurde diese Maßnahme als echte Verbesserung akzeptiert, da sie den italienischen Beamten bessere Möglichkeiten zur Bewachung bot.

Jedes Mal, wenn die Fahrzeugkolonne in den Vatikan zurückkehrte, ließ Johannes Paul II. die Wagen am Einfahrtsstor kurz anhalten, um alle Beteiligten seiner Eskorte zu grüßen und ihnen für ihren Dienst zu danken.

Andreottis Frage: „Könnte auf ihn geschossen werden?“

Es waren schon außergewöhnliche Männer, bereit zu allem und fachlich gut ausgebildet. Aber das Thema „Sicherheit des Wojtyła-Papstes“ war ebenso außergewöhnlich. Die Situation war nämlich ganz anders als früher und in gewisser Weise beispiellos. Die Bestätigung dafür finden wir in einer geheimen Begegnung im August 1980 zwischen Senator Giulio Andreotti (der zu dem Zeitpunkt kein Regierungsamt innehatte) und Francesco Pasanisi. Letzterer schrieb darüber in seinen Memoiren, in dem er viele Anekdoten und Geschichten aus der Sicht des privilegierten Beobachters erzählt. Im Blick auf die Sicherheit des Papstes äußerte Pasanisi darin seine Besorgnis, dass es letztlich unmöglich sei, ihn zu verteidigen.

„Ich bestätige Ihnen, dass es nicht möglich ist, ihn zu verteidigen", so liest man in dem Buch als Antwort auf eine Frage Andreottis. „Meine Aufgabe besteht darin, ihn als Personenschutz in nächster Nähe zu begleiten. Das mache ich in der bestmöglichen Weise mit Hilfe von etwa 60 gründlich ausgebildeten Leuten, die ihre Fähigkeiten unter Beweis gestellt haben und erfahren sind. Wir agieren jedoch unter äußerst schwierigen Bedingungen, vor allem im Blick auf den Personenkreis, der zu schützen ist. Außer dem Papst sind da ja bei jeder Gelegenheit auch die Leute aus seiner direkten Umgebung, sein ‚Gefolge'. Das sind mindestens fünf, sechs oder sieben Personen, die ihn in nächster Nähe begleiten. Es ist wirklich äußerst schwierig, den Heiligen Vater zu schützen. Es ist absolut undenkbar, dass wir uns in das päpstliche Gefolge hineinbegeben oder den Platz direkt neben ihm einnehmen, um den Heiligen Vater vor einem Angriff zu schützen. Papst Johannes Paul II. übt seine Sendung in einer ganz anderen Weise aus als seine Vorgänger. Nicht selten verzichtet er auf jegliches Protokoll. Mehrmals ist er gebeten worden, er möge mehr Vorsicht walten lassen. Er solle beispielsweise vermeiden, im Vorübergehen Blumen oder Geschenke anzunehmen, die ihm von den Gläubigen gereicht würden. Es wurde nämlich befürchtet, dass sich darin Gefährliches verbergen könnte. Ihm ist gesagt worden, er solle den direkten Kontakt mit der Masse der Menschen vermeiden, denn ihm könnte dabei beispielsweise durch das Zustechen mit einem Regenschirm plötzlich ein Virus übertragen werden. Er solle keine Hände schütteln, vor allem dann nicht, wenn er hoch aufgerichtet im fahrenden Wagen ohne Verdeck stehe, weil er dabei das Gleichgewicht verlieren könnte. Wenn der Heilige Vater abends nach einem Pastoralbesuch in den Vatikan zurückkehrte und wie üblich anhalten ließ, um uns zu grüßen, sahen wir manchmal, dass seine Handrücken blutig zerkratzt waren."

Was in diesem Gespräch, über das Pasanisi berichtet, zu Tage kam, war ziemlich beunruhigend, vor allem wenn man bedenkt, dass diese Begegnung einige Monate vor dem Attentat von Agca stattfand. Plötzlich aber brachte Andreotti das Gespräch mit einer Frage auf den Punkt, als er Pasanisi ganz direkt fragte: „Wenn sich der Heilige Vater oben am Fenster seines Arbeitszimmers zeigt, könnte er dort von einer Schusswaffe getroffen werden?" Und er erwähnte dabei einen Ort im Park auf dem Gianicolo-Hügel, der für Übelgesinnte leicht erreichbar war. „Glauben Sie, dass man von dort aus mit einer Präzisionswaffe den Papst treffen könnte?" Pasanisi antwortete darauf, dass er keine ausreichenden Fachkenntnisse in Ballistik habe, um das bewerten zu können, schloss jedoch nicht aus, dass von den Dächern der Kolonnaden eine solche Gefahr ausgehen könnte.

Gefahren lauerten überall. Und es gab Leute, die sich mit Recht Sorgen darüber machten. Im Übrigen hatte es bereits eine Drohung gegeben, die erste offizielle und dokumentierte Drohung, die im Lichte der weiteren Geschehnisse seinerzeit vielleicht unterbewertet wurde.

Türkei 1979: eine unterschätzte Drohung

Am Sonntag, den 18. November 1979, hatte der Papst vor dem Angelus-Gebet angekündigt, er beabsichtige, in die Türkei zu reisen. Wojtyła wollte seine Reise als Botschaft der Toleranz verstanden wissen, die er vor allem an den islamischen Fundamentalismus richtete, der sich in jenen Jahren an Ajatollah Khomeini und seinem „Heiligen Krieg" orientierte. Die Ankündigung seines Besuchs der Türkei wurde jedoch von Seiten extremistischer Muslime missverstanden. In mehreren türkischen Zeitungen erschienen Artikel und Kommentare, in denen Missfallen geäußert wurde. Man war sehr argwöhnisch, und es wurde auch der Verdacht einer politischen Einmischung seitens der NATO und der Vereinigten Staaten geäußert, die unter dem Deckmantel des Papstes versuchen würden, in der Türkei die Befürworter des Atlantischen Bündnisses zu unterstützen. Die türkische Regierung selbst war in einer Situation großer Verlegenheit und änderte das Besuchsprogramm. Dabei wurden politisch orientierte Reden vermieden und die Rolle des Papstes auf die eines „hochangesehenen Gastes" statt eines Staatsoberhaupts reduziert. In diesem Szenario verbreitete die Presseagentur Anatoliou eine Meldung, der damals nicht viel Beachtung geschenkt wurde: Ein gewisser Mehmet Ali Agca, der aus dem Gefängnis entflohen sei, habe den Papst mit dem Tod bedroht, wenn er in die Türkei komme.

Trotz allem reiste Johannes Paul II. vom 28. bis 30. November 1979 nach Istanbul, weil er „an die Orthodoxe Kirche eine Botschaft der Hoffnung auf die Einheit zwischen den beiden Kirchen, die durch starke Bande der Brüderlichkeit miteinander verbunden sind, richten" wollte. Um ihn während der beiden Tage zu schützen, wurden 10.000 Mann aufgeboten. Einige Quellen berichten, dem Papst sei auferlegt worden, eine schusssichere Weste zu tragen. Die Regierung sorgte für ein dichtmaschiges System an Sicherheitsmaßnahmen und erreichte seitens der Medien, dass von dem ganzen Ereignis möglichst wenig Notiz genommen wurde. Resultat: Nur verhältnismäßig wenige in der Türkei bemerkten überhaupt etwas vom Kurzbesuch des Papstes in ihrem Land, doch so kam es jedenfalls zu keinen Zwischenfällen. In jenen Jahren gab es in der Türkei, wie in vielen anderen Ländern, noch ein System von Fernsehsendern, die nicht gerade pluralistisch ausgerichtet waren. Seitens der Behörden war es deshalb nicht schwer, sie zu kontrollieren. Darüber hinaus existierten in jenem Land damals noch nicht massenhaft Fernsehempfänger, die in der Lage gewesen wären, die große Trommel zu rühren, wie es ansonsten die internationalen Medien zu tun pflegen.

Es existiert tatsächlich eine Art Gleichung: Je mehr eine Person in den Mittelpunkt der Medien rückt, desto mehr vergrößert sich unweigerlich die Präsenz ihres Bildes und ihre Breitenwirkung. Andererseits führt dies zu einer Minderung der Privatsphäre, während zugleich auch ein gesteigertes Interesse seitens unbekannter und nicht kontrollierbarer Personen zu verzeichnen ist. Solches „Interesse" kann in bestimmten Fällen die Gefahr der Gewalt gegen die Person bestimmen, die sich über die Maßen hinaus exponiert. Ein Beispiel hierfür war der Beatle John Lennon.

Pakistan 1981: erste Gewalt

Zwischen Mai und November 1980 unternahm der Papst weitere Reisen: nach Afrika, Frankreich, Brasilien und Deutschland. Auf dem Schwarzen Kontinent rief er zum Ausgleich zwischen Reichen und Armen auf. Vor der UNESCO in Paris unterstrich er die große Bedeutung der Kultur und der Ethik. In Sao Paulo und Rio de Janeiro rückte er den Wert der Arbeit und der sozialen Gerechtigkeit ins Licht. In Mainz gab er dem Dialog mit den Protestanten und den Juden neue Impulse. Abgesehen von organisatorischen Schwierigkeiten aufgrund der lokalen Sicherheitsstrukturen, kam es auf diesen Reisen zu keinen bedrohlichen Ereignissen, geschweige denn zu Aggressionen.

In Pakistan kam es jedoch am 16. Februar 1981 zu einer ersten Manifestation der Gewalt gegen seine Person. Johannes Paul II. wurde in Pakistan von mehreren Zehntausend

Menschen empfangen. Als er das Nationalstadion von Karatschi betrat, sprengte sich ein Mann in die Luft. In anderen Quellen heißt es, dass etwa 20 Minuten vor der Ankunft des Papstes eine falsch eingestellte Bombe nicht weit von dem Altar entfernt explodierte, an dem er die Messe zelebrieren sollte (und auch tatsächlich zelebrierte).

Signale hatte es also gegeben. Doch am 13. Mai 1981 zeigte sich dann die Gefahr in ihrer ganzen dramatischen Tragweite.

Die Attentate auf Johannes Paul II. auf dem Petersplatz und in Fatima

13. Mai 1981

An jenem Nachmittag des 13. Mai 1981 schien auf dem Petersplatz alles ruhig und unter Kontrolle. Wieder fand eine der großen Mittwochsaudienzen statt. Der Platz war mit schätzungsweise 50.000 Gläubigen gefüllt, manche hatten auf den Sitzrängen Platz nehmen können, die meisten anderen standen. Viele schwenkten Fotoapparate oder Filmkameras in den Händen. Aus der Vogelperspektive blickte man von oben auf einen dichten „Wald“ von Spruchbändern, Schildern, Fahnen und vielen Köpfen.

Die Beamten der Polizeiinspektion waren zur Beobachtung strategisch an ihren Plätzen. Ihr Leiter, Francesco Pasanisi, war gerade in der Nähe des Glockenturmbogens angekommen, als der weiße Geländewagen ohne Verdeck aus dem Vatikan herausfuhr. Im hinteren Teil des Wagens stand aufrecht der Papst. Auf einem der beiden weißen Ledersitze vor ihm saß sein Sekretär Stanislaus. Der Wagen wurde vom Chauffeur Baglioni gesteuert, an dessen rechter Seite Angelo Gugel saß, der persönliche Bedienstete des Papstes. Zu Fuß folgten Personenschützer des vatikanischen Wachkorps, der Leibarzt Prof. Buzzonetti, der Kommandant der Schweizer Garde, Pfyffer, mit einigen seiner Leute in Zivil, Beamte der italienischen Staatspolizei und einige autorisierte Fotografen. Alles war ganz normal.

Das Fahrzeug bewegte sich sehr langsam vorwärts. Planmäßig war vorgesehen, dass der Jeep mehrere Male den Korridor rings um den großen Block durchfahren sollte, der durch Absperrungen abgegrenzt war. Danach sollte das Fahrzeug mitten auf dem Platz stehen bleiben. Der Papst sollte aussteigen und sich zum Thronstuhl begeben, der unten an den Treppenstufen aufgestellt war.

In seinen Memoiren schreibt Francesco Pasanisi: „Ich befand mich jetzt auf der Höhe des hinteren linken Reifens des Fahrzeugs, direkt hinter mir der Beamte Arcidiacono mit einem Funkgerät. Mein Kollege Volpe lief auf der rechten hinteren Seite des Geländewagens, während mein Kollege Barbalucca ein paar Meter vor dem Auto lief. Das Fahrzeug war einmal um den großen Block der Gläubigen herumgefahren und hielt einen Moment an – das war fast am Ende der zweiten Umrundung –, damit der Papst ein kleines Mädchen in seine Arme schließen konnte."

Genau um 17 Uhr, 21 Minuten und 34 Sekunden wurde das diffuse Stimmengewirr auf dem Platz plötzlich vom Schuss einer Feuerwaffe übertönt. Darauf folgte ein Moment unwirklicher Stille, in der nur das Aufflattern von Hunderten von Tauben zu hören war, die erschrocken fortflogen. Dann folgte der zweite Schuss. Eine Kugel traf den Zeigefinger der linken Hand des Papstes und dann den Bauchraum. Eine zweite Kugel traf seinen linken Ellenbogen, wurde von da abgelenkt und verwundete zwei Amerikanerinnen. Langsam sackte der Körper des Papstes in sich zusammen.

Instinktiv sprang Pasanisi auf den Jeep: „Ich half ihm mit aller Kraft auf, indem ich ihn mit meinen Unterarmen unter seinen Achseln festhielt. Der Bedienstete Gugel stieg nach hinten in den Wagen und half mir, den Papst mit den Armen zu halten. Stanislaus ließ eine Mappe fallen, die er unterm Arm gehalten hatte, und stützte Johannes Paul II. am Becken. Er wollte ihm so helfen, sich zu setzen."

Es war ein Attentat, das befürchtete Attentat! In ganz wenigen Augenblicken war es passiert. Der Papst war schwer verletzt. Was war zu tun? Es musste sofort entschieden werden. Die Gläubigen hätten sich dicht um das Fahrzeug scharen können, um ihrer Zuneigung und Anteilnahme Ausdruck zu verleihen oder auch aus Neugier. Sie hätten den Wagen mit ihren Körpern blockieren können, ohne sich dessen überhaupt bewusst zu sein. Der Papst verlor sichtbar Blut. Die Lebensgefahr stieg im Vergehen der Sekunden. „Weg von hier! Fahren wir dahin, wo wir geschützt sind“, rief Pasanisi dem Chauffeur zu, der ihn verständlicherweise wie versteinert und entsetzt anblickte. „Los in den Vatikan! Fahren Sie zur Ambulanz, zur Nothilfe, aber fahren Sie!“ Ringsum flüchteten Menschen in alle Richtungen. Kinder weinten. Einige Ordensleute fielen auf die Knie und begannen mit zum Himmel erhobenen Händen zu beten.

Der Geländewagen bog ab in Richtung des Glockenturmbogens und erreichte mit dröhnendem Motor die Ambulanz des Vatikans. Dort stand ein Rettungswagen. „In die Gemelli-Klinik, in die Gemelli-Klinik!“, schrie Msgr. Monduzzi, während der Leibarzt Buzzonetti dabei behilflich war, den Papst in den Rettungswagen zu tragen. Der Fahrer des Rettungswagens, Cannelloni, fuhr sofort los durch das Sankt Anna-Tor, gefolgt von einem Fahrzeug mit dem Kennzeichen SCV, in dem Staatssekretär Martinez Somalo, Msgr. Monduzzi und Pater Viganò saßen. Mit lautem Sirenengeheul entfernte sich der Rettungswagen in Richtung Piazza del Risorgimento. Die erste Reaktion war prompt und effektiv gewesen. Doch war die Gefahr gebannt?

Francesco Pasanisi sprang in seinen Wagen und fuhr mit zwei Kollegen sofort hinterher zur Poliklinik Gemelli. Über Funk forderte er die städtische Polizei auf, den Verkehr auf der Route zum Krankenhaus anzuhalten, und verständigte den Polizeiposten in der Klinik. Mit ziemlich hoher Geschwindigkeit erreichte dann sein Fahrer, Fanelli, das Auto mit dem Kennzeichen SCV, überholte es und fuhr so direkt hinter dem Rettungswagen weiter. Der Lärm der Autosirenen war ohrenbetäubend. Nachdem mit Glück und Geschick ein paar Unfälle vermieden worden waren, gelangten die Fahrzeuge auf die Via della Pineta Sacchetti. Dann bogen die drei Wagen in die Einfahrt zum Krankenhaus ein. Vom Vatikan bis zur Ankunft unten an der Klinik hatte die ganze Fahrt ca. sieben Minuten gedauert. Ärzte, Krankenpfleger und Träger warteten unten bereits.

Als der Papst auf eine Trage gelegt wurde - schreibt Pasanisi - „sah ich, dass er ganz bleich geworden war. Sein Blick war wie abwesend, der Kopf zur linken Seite geneigt, seine Arme schlaff längs am Körper". Der Blutfleck auf seiner weißen Soutane war sichtbar größer geworden. Der Schwerverletzte wurde in einen großen Aufzug geschoben, ihm zur Seite waren Prof. Buzzonetti und sein Sekretär Stanislaus. Nach den ersten Untersuchungen im zehnten Stockwerk wartete man schon auf ihn im Operationssaal in der neunten Etage. Der Schwerverletzte hatte ca. drei Liter Blut verloren und schien sichtlich mit dem Tode zu ringen. Die Operation dauerte insgesamt fünf Stunden und zwanzig Minuten. Der Darm des Papstes musste an mehreren Stellen genäht werden. Eine Kugel war durch den Bauchraum gedrungen, hatte den Darm schwer verletzt und das Kreuzbein durchbohrt.

Wer war der Täter? Die Polizeiwache im Krankenhaus erreichte nach einer Reihe wirrer Telefonate mit dem Innenministerium und dem Polizeipräsidium von der Polizeiinspektion im Vatikan die Nachricht: „Wir haben den Attentäter. Er ist in unserem Büro am großen Bronzetor."

In der Zwischenzeit waren Pasanisi und die Prälaten vor den Eingang zum OP gekommen. Seit den Schüssen war eine halbe Stunde vergangen. Sie schauten einander bestürzt an und konnten fast kein Wort herausbringen. Weitere kirchliche

Würdenträger trafen ein, dann Journalisten und Fotografen. Danach kam auch Barbalucca, ein Mitarbeiter von Pasanisi, und berichtete, wie der Attentäter gefasst worden war. Er war von einer Ordensfrau aus dem Franziskanerorden festgehalten worden, die ihn an der Schulter gepackt hatte, und gleich darauf hatten zwei Militärangehörige, Zumbo und Navarro, ihn fest umklammert. Einige Augenblicke hatte man zunächst gefürchtet, dass er gelyncht würde, dann konnte er jedoch in die Räume des Polizeipostens abgeführt werden. Einer von den Carabinieri hatte die Pistole sichergestellt, die der Attentäter nach den Schüssen weggeworfen hatte.

Um 18 Uhr war die Nachricht vom Attentat auf den Papst in der ganzen Welt verbreitet. Gegen 18.30 Uhr trafen der italienische Staatspräsident mit den namhaftesten Politikern aller großen Parteien und ebenso der Bürgermeister von Rom im Krankenhaus ein.

Im Laufe des Abends wurde ein ärztliches Bulletin herausgegeben, in dem zu lesen war, dass man einen chirurgischen Eingriff im Bauchraum vornehme und dass die Vitalfunktionen des Herz-Kreislauf-Systems des Papstes ausreichend seien.

Um 23 Uhr war er noch immer im OP und sollte von dort auf die Intensivstation gebracht werden. Um 23.45 Uhr sah man im Korridor die Trage, auf der Johannes Paul II. lag. Er war völlig bleich. Man konnte ihm den hohen Blutverlust ansehen. Er wurde sofort auf die Intensivstation gebracht. Kurz danach wurde Präsident Pertini zu ihm gelassen, der tief erschüttert wieder herauskam. Um 1.30 Uhr endlich wurden die ersten Ängste ausgeräumt: „Der Patient hat den operativen Eingriff in zufriedenstellender Weise überstanden."

Vor kurzem hat Prof. Giovanni Salgarello, einer der Chirurgen, die den Papst an jenem Tag operierten, sich einverstanden erklärt zu berichten, wie er diese Stunden erlebte. Am 13. Mai 1981 war er 54 Jahre alt und damals

Dozent für Unfallchirurgie an der Medizinischen Fakultät der Universität Ancona. Er leitete gerade den Schichtdienst im OP der Gemelli-Klinik. Die Entscheidung zur Operation war sofort klar, denn der Zustand des Heiligen Vaters ließ gar keine Alternativen zu. Nachdem der Papst in den OP geschoben worden war, begann er zusammen mit Prof. Wiel Marin zu operieren. Man ließ auch Prof. Francesco Crucitti hinzurufen, der sich im Kurheim Piuś XI. aufhielt und sofort herbeieilte. So brauchte man nicht auf ein Team von außerhalb zu warten. Obwohl von den Medien berichtet wurde, fünf ausländische Spezialisten für Darmchirurgie seien für den Notfall gerufen worden, ist dies durch den Zeitraum des Eingriffs klar widerlegt. Die Verletzungen, die der Papst erlitten hatte, zeigten die Schlagkraft, die von einem Projektil ausgehen kann, das einen Zentimeter vom Bauchnabel entfernt eingedrungen und wieder ausgetreten war. Es hatte dabei ein Loch in der Größe einer Zwei-Euro-Münze hinterlassen. Der Eingriff wurde in zwei Phasen vorgenommen: die erste verlief relativ schnell, während die zweite wesentlich länger dauerte. An der zweiten Operationsphase war auch Prof. Giancarlo Castiglione beteiligt, der gegen 19.30 Uhr aus Mailand in Rom eingetroffen war. Der Eingriff wurde mit Fotoaufnahmen dokumentiert, die jetzt im Besitz des vatikanischen Staatssekretariats sind. Prof. Salgarello erinnert sich an zwei besondere Dinge: „Zum einen war das die Tiefe des Schnitts, um zum Bauchfell vorzudringen, bedingt durch die beachtliche Muskelmasse einer athletisch starken Person. Zum zweiten war das der Zustand des zerfetzten Dünndarms, halb eingetaucht in Blut und dem flüssigen Darminhalt, der in reichlichem Maße ausgetreten war.“ Im Gegensatz zu dem, was von den Medien behauptet wurde, sagte Prof. Salgarello: „Wir haben die Kugel nicht gefunden, was auch die Röntgenaufnahmen bestätigen.“

Tage voller Angst

Am nächsten Tag begab sich Francesco Pasanisi zum Polizei-Präsidenten Coronas und kam danach erneut in die Gemelli-Klinik. Das Krankenhaus war nun von Journalisten, Fotografen und Kameramännern aus der ganzen Welt belagert, aber auch von einer beachtlichen Menge von Beamten der Polizei und der Carabinieri, sowohl in Uniform als auch in Zivil. Kardinal Casaroli war gekommen, nach ihm traf Kardinal Poletti ein. In dem kleinen Raum, wo sich die engsten Mitarbeiter des Papstes und die für die Sicherheit Verantwortlichen aufhielten, wurde die beruhigende Nachricht verbreitet, dass der Papst an der Feier einer Messe teilgenommen habe.

Einige Zeit später erfuhr man, dass der Papst unter Bezugnahme auf den 13. Mai des Jahres 1917 nach der Operation zu einem der Chirurgen gesagt hatte: „Es war der Jahrestag der ersten Marienerscheinung von Fatima. Eine Hand hat geschossen, aber eine andere hat die Kugel gelenkt." Noch nie hatte sich die Behauptung, der Papst stehe unter dem Schutz der göttlichen Vorsehung, in solcher Weise bewahrheitet. Und Wojtyła selbst, der als der „marianischste" aller Päpste angesehen wurde, äußerte im Nachhinein selbst mehrmals und mit allem Nachdruck, dass er nur dank des Eingreifens der Gottesmutter überlebt habe. Später sagte er einmal: „Es war eine mütterliche Hand, die die Schussbahn der Kugel gelenkt hat. Der sterbende Papst wurde an der Schwelle zum Tod angehalten." Diese Sichtweise, unhaltbar für all jene, die die Wirklichkeit rein materialistisch betrachten, ist insbesondere unter den Katholiken weit verbreitet. Infolge der komplexen Zusammenhänge der Ereignisse und Offenbarungen, die mit dem dritten Geheimnis von Fatima verbunden waren, wurde ihr in hohem Maße neues Gewicht beigemessen.*

* Das dritte Geheimnis von Fatima spricht davon, dass ein „in weiß gekleideter Bischof" (der Heilige Vater) von einer Gruppe Soldaten mit Feuerwaffen und Pfeilen getötet werden wird.

Am 15. Mai traf sich Pasanisi in der Gemelli-Klinik mit Camillo Cibin, dem Chef des vatikanischen Sicherheitsdienstes. Sie besprachen gemeinsam die Verlegung des Heiligen Vaters von der Intensivstation auf eine normale Station: Die Sicherheit sollten Beamte der staatlichen italienischen Polizei, der Carabinieri und des päpstlichen Wachkorps gewährleisten. Es wurde auch beschlossen, an der Abteilung schusssichere Glasscheiben anbringen zu lassen.

Am Sonntag, dem 17. Mai, betete der Papst, der mittlerweile außer Lebensgefahr war, den Angelus von der Poliklinik Gemelli aus. Dabei war er über eine Live-Schaltung mit dem Petersplatz verbunden, auf dem an diesem Tag so viele Menschen zusammengeströmt waren wie schon lange nicht mehr. Viele knieten nieder, und nicht wenigen kamen die Tränen, als der Papst sagte: „Ich bete für den Bruder, der auf mich geschossen hat und dem ich aufrichtig vergeben habe. Ich denke an die beiden Personen, die zusammen mit mir verletzt worden sind. Vereint mit Christus, dem Priester und Opfer, lebe ich meine Schmerzen als Opfer für die Kirche und für die Welt. Dir, Maria, sage ich aufs Neue: Totus tuus ego sum (Ich bin ganz dein)."

Drei Mal in Lebensgefahr

Zwanzig Jahre später hielt es der Privatsekretär des Papstes, Stanislaus Dziwisz (wer weiß aus welchem Grund?) für angebracht, darauf hinzuweisen, dass Johannes Paul II., nachdem er die Intensivstation verlassen hatte, dem Tod noch drei Mal sehr nahe war. Das wusste niemand, nicht einmal der überaus gut informierte Papst-Biograf George Weigel. Es war nichts nach außen gedrungen über eine Verschlechterung seines Zustandes, die am 27. Mai eintrat. Sie wurde durch eine Lungenembolie und Komplikationen am Herzen verursacht, sodass der Papst die ganze Nacht über von Kardiologen überwacht wurde. Man wusste allerdings von hohen Fieberschüben, die ihn befallen hatten, als er wieder in den Vatikan zurückkehrte. Auch darüber drang nichts nach außen, dass er am 9. Juni einen schweren Schwächeanfall erlitten hatte und sein Fieber tagelang bei 40 Grad lag, bis man es für besser hielt, ihn erneut ins Krankenhaus einzuliefern, um die Gefahr des Todes zu bannen. Und schließlich war nichts bekannt von den Komplikationen in seiner Lunge, die durch das Zytomegalie-Virus verursacht wurden und am 10. Juli zu einer akuten Infektion führten, die die Ärzte aber in den Griff bekamen.

Ali Agca, der „Bruder", der geschossen hatte

Sehr schnell wurde bekannt, dass der Täter türkischer Staatsangehöriger war. Doch dann kam die wirkliche Überraschung. Es war genau jener Mehmet Ali Agca, der im November 1979 den Papst mit dem Tode bedroht hatte. Er war Muslim, ein fanatischer Fundamentalist. Als Rechtsextremer war er bekannt und gehörte einer Gruppe an, die unter dem Namen „Graue Wölfe" firmierte. Im Jahre 1977 hatte er an einer Schulung in einem palästinensischen Ausbildungslager teilgenommen. Er war im Hochsicherheitstrakt des türkischen Gefängnisses Kartel Moltepe inhaftiert gewesen, weil er am 1. Februar 1979 Abdi Ipekci umgebracht hatte, den Chefredakteur der liberalen Tageszeitung Milliyet. Agca war zunächst zum Tode verurteilt worden, aber seine Haftstrafe wurde bald darauf auf zehn Jahre reduziert. Im November 1979 war er aus dem Gefängnis entflohen.

Bei seiner Festnahme fand man in seiner Tasche einen Zettel, auf dem stand: „Ich, Ali Agca, habe auf den Papst geschossen, damit die Welt Kenntnis bekommt von den Tausenden Opfern des amerikanischen und sowjetischen Imperialismus in Afghanistan, in El Salvador und der Dritten Welt."

Jedermann wollte natürlich gerne wissen, wann, wo, wie und vor allem wer wirklich das Attentat in Auftrag gegeben und organisiert hatte. Die These vom „losgelassenen Hund" und verrückten Einzeltäter wurde sofort ausgeschlossen, und deshalb suchte man nach einer Struktur und einem Netzwerk. Geheimdienste, Agenten und Staatsanwälte aus vielen Ländern machten sich auf die Suche nach diesen Wahrheiten.

Sie kamen nicht voran in einem wirren riesigen Geflecht aus Namen und Dutzenden von Rätseln, die sich ergaben, als man die Stunden, Tage und die Monate vor dem Attentat rekonstruierte, die Agca nutzte, um sein Ziel zu erreichen. Vielleicht war der Einzige, der wirklich die Wahrheit erfuhr, der Papst selbst, als er sich am 27. Dezember 1983 in der Haftanstalt Rebibbia in einem langen persönlichen Gespräch, über das nichts nach außen drang, mit seinem Attentäter unterhielt. Agca küsste ihm bei der Gelegenheit die Hand und verneigte sein Haupt zum Zeichen seiner Ehrerbietung.

An die Medien und an alle anderen (durch die Medien) wurden verschiedentlich unterschiedliche Mutmaßungen weitergegeben. Am bekanntesten darunter war die bulgarische Schiene: ein finsteres, unentwirrbares Labyrinth, in dem Befehle ausgeführt worden sein sollen, die von Andropow im Kreml ausgingen. Später jedoch dementierte Gorbatschow selbst in einer Privataudienz bei Johannes Paul II. diese Verantwortung, die der UdSSR angelastet wurde. Die Schiene einer Verbindung zwischen Bulgarien und dem KGB schloss lange Zeit jede Alternative aus, in die man damals etwa auch Ajatollah Khomeini oder die PLO, Oberst Gaddafi oder ehemalige Leute der CIA hätte einbeziehen können.

Der Vatikan war, was dieses Thema angeht, sehr reserviert und gab, abgesehen von einigen Erklärungen einzelner Kirchenvertreter, nie eine offizielle Stellungnahme dazu ab. Unter denen, die sich dazu äußerten, sind von besonderem Interesse die Aussagen des polnischen Kardinals Andrey Maria Deskur, der im Jahre 1992 der Wochenzeitung Il Sabato bekannte: „Wer war der Anstifter des Komplotts, den Papst zu töten? Der Satan natürlich (...). Möchten Sie wissen, ob sich der Satan des KGB oder der CIA bedient hat? Dann müssen Sie auf den Tag des Jüngsten Gerichts warten." Tatsächlich ist und war es für den Heiligen Stuhl immer nur der Böse, der nach dem Leben des Papstes trachtet, unter welchem Deckmantel auch immer er arbeitet und welche Hand er dafür auch benutzen mag. Mancher mag darüber lächeln, aber für eine Theokratie mit langer Tradition wie das Papsttum kann es gar nicht anders sein. Die Deckmäntel wechseln, ändern sich und verbergen in ihren Reihen Leute, die ein doppeltes Spiel treiben, die eingeschleust werden und auf die falsche Bahn geraten. Unverändert bleibt im Laufe der Jahrhunderte der Kampf zwischen dem Guten und dem Bösen. Im Vatikan zählt das weit mehr als Berge von sorgfältig zusammengetragenen Untersuchungsakten und Fotos.

Agca selbst behauptet übrigens in seinem 1996 gedruckten autobiografischen Buch „La mia verità" (Meine Wahrheit), das er im Gefängnis schrieb und in dem er auch auf das Attentat auf Präsident Reagan am 31. März 1981 anspielte: „Über dem 13. Mai lag eine mysteriöse spirituelle Energie (...). Ich war kein psychisch Labiler, der durch das Attentat auf Reagan zur Tat auf den Papst inspiriert und motiviert war. Mysteriöse Personen, die das Attentat auf Reagan veranlasst hatten, hatten mir ihren Befehl übermittelt, ja fast aufgezwungen, obwohl das für mich ein ganz natürlicher Vorgang war. Ich bin lediglich das Werkzeug von mysteriösen Personen, die ich dem Universum dieses absolut einzigartigen und unwiederholbaren Ereignisses der ganzen Weltgeschichte zuordne."

Die Frage: „Wer steckte nun wirklich hinter dem Mordanschlag, wer waren Agcas Mandanten?" beschäftigte die internationale Öffentlichkeit noch viele Jahre. Ali Agca, den ein römisches Gericht zu „lebenslänglich" verurteilte (und den man später, wegen eines anderen Verbrechens, an die Türkei auslieferte), nannte bei Verhören mehrere Türken, besonders aber drei bulgarische Geheimdienstler als Auftraggeber. Deshalb wuchs der Verdacht, das von Moskau abhängige bulgarische Regime habe den Berufskiller auf Wunsch Moskaus angeheuert – weil Moskau den polnischen Pontifex, der die Rebellengewerkschaft „Solidarität" unterstützte und somit indirekt die Proteststimmung im Ostblock schürte, beseitigen wollte.

Zwar zwar das römische Schwurgericht 1986 die als Agcas Komplizen beschuldigten Bulgaren und zwei Türken frei. Aber es war ein Freispruch mangels Beweisen. Somit blieb der Verdacht gegen Sofia.

Nach dem Sturz der „roten Regime" im Ostblock sah Roms Justiz zwar neue Chancen, um die sogenannte bulgarische Spur aufzuklären. Doch Sofia mauerte. Dann, im März 2005, eine kleine Sensation: Aus Stasi-Akten wurde enthüllt, dass der Mordanschlag auf den Papst 1981 vom KGB stammte. Dies jedenfalls berichteten die Medien. In Rom führte die Affäre zu neuen Initiativen. Jene Richter, die seinerzeit Untersuchungen über Agcas Komplizen geleitet hatten, forderten prompt: „Wiederaufnahme der Ermittlungen!"

Indes, die Aufklärungsversuche versandeten. Die zur Aufarbeitung der Stasi-Akten eingesetzte Berliner Behörde äußerte Zweifel an den Enthüllungen. Inzwischen, Mitte 2005, glaubt niemand mehr, dass die Hintergründe des Attentats noch aufgeklärt werden können.

Fatima, 12. Mai 1982

Bereits im Februar 1982 ging Johannes Paul II. wieder auf Reisen. Zwischen dem 12. und 19. Februar war er in Nigeria, Benin, Gabun und Äquatorialguinea. Bekannt war, dass er einen Besuch in Fatima geplant hatte, um der Gottesmutter für seine Genesung zu danken. So landete er tatsächlich am 12. Mai in Lissabon. Am nächsten Tag war der erste Jahrestag des Attentats.

Der Papst begab sich zum Wallfahrtsheiligtum der Gottesmutter von Fatima. Noch einmal sah es so aus, als wäre alles ganz ruhig, doch es war nicht so. Gegen Abend kam er mit einem Hubschrauber aus Lissabon an. In Fatima wurde er von ca. einer Million Gläubigen erwartet: Die Pilger hatten, Litaneien singend und betend, lange im Regen ausgeharrt. Ihr großer Wunsch war es, den Papst persönlich zu sehen.

Die erste Marienerscheinung in Fatima war am 13. Mai 1917. Seither strömen jedes Jahr am 13. Mai in Fatima große Mengen von Gläubigen zusammen. Der Papst bestieg einen weißen Jeep, überquerte damit den großen Platz in Richtung einer kleinen Kapelle, die 1919 genau an dem Ort errichtet wurde, wo die Marienerscheinungen stattgefunden hatten. Der Ordnungsdienst bestand aus etwa 500 portugiesischen Polizisten, die den Jeep während der Fahrt über den Platz zu beiden Seiten abschirmten. Unter den Gläubigen waren mehrere Hundert Beamte in Zivil. An der Seite des Papstes, ganz in seiner Nähe waren zwei Personenschützer aus dem polizeilichen Wachkorps des Vatikans und zwei Schweizer Gardisten, ferner ein fünfter Mann: Camillo Cibin, der Leiter der vatikanischen Sicherheitsdienste.

Johannes Paul II. kniete vor der Statue der Gottesmutter in der kleinen Kapelle nieder und betete dort ca. 20 Minuten lang. Danach begann die Prozession: Die Statue der Fatima-

Madonna wurde zum Altar vor der Basilika getragen. Es war gegen 23 Uhr Ortszeit. Als der Papst die Stufen zum Altar hinaufstieg, hörte man plötzlich ein Geschrei: Ein Mann, verkleidet in einem Ordensgewand, hatte sich von hinten durch die „Mauer“ der Fotografen gedrängt. Es bildete sich ein freier Raum, und er sprang in bedrohlicher Weise auf den Papst zu. Dabei schrie er lauthals: „Nieder mit dem Papst! Tod dem Zweiten Vatikanum!“ In seiner Hand hielt er eine 37 Zentimeter lange Stichwaffe, die er vorher unter seinem Habit versteckt hatte. Im letzten Augenblick wurde er von den Sicherheitskräften zurückgehalten, zu Boden geworfen und festgenommen. War das ein Ordensmann? Ein Terrorist? Nein, es war ein fundamentalistisch orientierter Priester. Wie Agca trug auch er einen Zettel bei sich, auf dem zu lesen war, der Papst müsse zur Rechenschaft gezogen werden, weil er den Stuhl des hl. Petrus widerrechtlich an sich gerissen habe.

Der Mann wurde identifiziert als Juan Fernandez Krohn. Sehr bald kam die Bestätigung, dass es sich um einen fanatischen katholischen Fundamentalisten handelte. Diese Information kam vom Chef der Sekte der „Sedisvakantisten“ in Paris. Es handelt sich dabei um eine Organisation, die, unterstützt von Personen aus der extremen rechten Szene, seit Jahren widerrechtlich eine Kirche in der französischen Hauptstadt besetzt hielt, den Stuhl des Petrus für „vakant“ und den Papst für einen Häretiker hielt. Der Chef dieser Sekte teilte mit, Krohn sei verrückt geworden und habe die Kontrolle über sein Verhalten verloren. Bis zu dem Zeitpunkt war Krohn tatsächlich nicht auffällig gewesen. Er war 32 Jahre alt, spanischer Staatsbürger und hatte in der Schweiz Jura und Wirtschaftswissenschaften studiert. Krohn war 1978 von Erzbischof Lefèbvre zum Priester geweiht worden. Nach theologischen Auseinandersetzungen hatte er die Priestergemeinschaft in Econe in der Schweiz, eine Gründung

Lefèbvres, verlassen und sich in Frankreich niedergelassen, mit Wohnsitz in Mantes-la-Jolie nordwestlich von Paris. Dieser Ort war ein Zentrum für Aktivitäten katholischer Fundamentalisten aus der Umgebung von Pontoise und Rouen. Krohn gehörte zu einer Gruppe fanatischer Fatima-Verehrer.

Doch warum hatte er Johannes Paul II. töten wollen? Auf diese Frage antwortete Krohn im Verhör: „Um die Kirche von einem Papst zu befreien, der Kompromisse mit den Kommunisten eingegangen ist. Wojtyła ist der engste Verbündete des polnischen Präsidenten Jaruzelski und hat diesem Regime gedient. Er behindert die Agitation des katholischen Volkes und verhindert den wahren Aufstand." Das schienen wirklich Überzeugungen eines Verrückten zu sein.

In jener Zeit brach der Falklandkrieg aus. Johannes Paul II. bezog klar Stellung und feierte im Petersdom eine hl. Messe für den Frieden und die Wahrung der Gerechtigkeit. Ende Mai flog er nach Großbritannien und lancierte dort eine mit dem anglikanischen Erzbischof Robert Runcie abgestimmte Friedensbotschaft in der Kathedrale von Canterbury. Anfang Juni empfing der Papst den US-Präsidenten Ronald Reagan in Privataudienz und flog dann nach Argentinien. Bei seiner Ankunft am Flughafen Ezeiza von Buenos Aires am 11. Juni 1982 sagte er: „Wir haben nicht Ereignisse wie Hiroshima und Nagasaki vor uns. Doch jedes Mal, wenn wir das Leben eines Menschen aufs Spiel setzen, bringen wir jene Mechanismen in Bewegung, die zu solchen Katastrophen führen können, und geraten auf gefährliche, dem Fortschritt entgegenwirkende unmenschliche Wege." Der Frieden, der ständige Friedensappell, das war eines der ganz großen Anliegen von Johannes Paul II.

Zurück zum Papst. Schon im Februar 1982 nahm Johannes Paul II. seine Reisen wieder auf.

Eine „okkulte Botschaft"?

Unter den zahlreichen Autoren und Journalisten, die sich mit den mysteriösen Hintergründen des Attentäters Ali Agca beschäftigten, zeichnete sich besonders der ehemalige Richter Carlo Palermo aus, was seine Untersuchung von Alternativen für die Ursachen der Tat betrifft. Er widmete dieser Thematik zwei Bücher. Palermo, der 1990 aus seinem Amt als Richter ausschied, hatte den Fall Ali Agca seit 1983 in seiner Funktion als Untersuchungsrichter, der Zusammenhänge zwischen Terrorismus, Waffen- und Drogenhandel ermittelte, verfolgt. Dabei rückte die bulgarische Hauptstadt ins Blickfeld. Im Laufe seiner Arbeit kam er zu überraschenden Ergebnissen: „Dass es in zwei aufeinander folgenden Jahren zu zwei Attentaten auf die höchste Autorität der Katholischen Kirche kam, und zwar jeweils zum Jahrestag der Erscheinungen von Fatima, lässt nur eine erste Schlussfolgerung zu: Diese verbrecherischen Taten zielten nicht nur darauf, die Person des Papstes aus dem Weg zu räumen, sondern auch um eine ‚okkulte Botschaft' zu verbreiten im Zusammenhang mit dem, was ‚jener Papst anlässlich des Jahresgedenkens des 13. Mai repräsentierte." Das zweite Attentat auf Wojtyla geschah, wie wir sahen, in Fatima, und zwar ein Jahr nach dem ersten Mordanschlag. Palermo führte weiter aus: „Im Kontext einer Reihe von Geschehnissen Anfang der achtziger Jahre, die im Zusammenhang miteinander standen und an denen Personen aus dem islamistischen Fundamentalismus beteiligt waren, die Kontakt zu Freimaurerlogen hatten und im Dienste des Terrorismus der rechten Szene standen, komme ich in meinen Erwägungen auf die Spuren jener Geheimbünde, wie es die Thule-Gesellschaft war. Diese Geheimorganisation wurde 1918 vom Freiherrn von Sebottendorf gegründet und war eine Art Vorläuferorganisation der NSDAP mit rechtsextremistischem und antisemitischem Gedankengut. Noch heute existieren unter anderem Namen solche Geheimbünde mit konspirativem Charakter. Sie sind in der ganzen Welt verbreitet und kooperieren mit anderen extremistischen Gruppierungen."

Palermo rückt also „Auftraggeber" ans Licht, die sich in der trüben Szene esoterischer Fanatiker bewegen und auch in Verbindung mit der Gottesmutter von Fatima und ihren Geheimnissen aktiv gewesen sein sollen. Seine These stützte er durch Gedanken über die Deutung von Zahlen und Daten: Am 13. Mai 1917 behaupteten die drei portugiesischen Hirtenkinder, dass sie in der Cova da Iria zum ersten Mal die Gottesmutter gesehen hätten. Ihre Erscheinung wiederholte sich pünktlich an jedem 13. im Monat bis zum Oktober 1917. Am 13. Mai 1981 schoss Agca auf den Papst. Und kurz vor Mitternacht vor dem 13. Mai 1982 wurde das zweite Attentat auf Johannes Paul II. verübt. Hatte dies eine Bedeutung? Wer weiß das? Jedenfalls ist gewiss, dass sich im Zusammenhang mit dem „Göttlichen" Sichtbares und Unsichtbares überschneiden. Ein Phänomen, das übrigens auch für die Geheimdienste und deren Ermittlungen gilt.

Debatte im italienischen Parlament

Am 20. Dezember 1982 fand in der italienischen Abgeordnetenkammer eine wichtige Sitzung statt. Ganz vorn auf der Tagesordnung stand: „Anfragen und Ermittlungen hinsichtlich der internationalen Verbindungen im Zusammenhang mit dem Attentat auf den Papst". Aus historischem Blickwinkel wollte das italienische Parlament eine Analyse vornehmen und über das Tabu der Sicherheit des Papstes sprechen, in der Hoffnung, so den Schock zu überwinden. Das gelang jedoch nur zu einem geringen Teil, weil sehr bald klar wurde, dass sich im Bereich der eigenen Kompetenz zu viele Drahtzieher und zu viele unbekannte und nicht kontrollierbare Akteure bewegten. In einer vorausgegangenen Parlamentssitzung war sehr wenig herausgekommen. Das war das einzige Mal, dass dieses Thema im Parlament umfassend debattiert wurde. Es war jedoch unvermeidlich, dass man sich darauf beschränkte, sich mit dem Thema in seiner ganzen Komplexität zu befassen, ohne eine Lösung für die Zukunft zu finden. So schien auch Italien im Blick auf die Sicherheit des Papstes schlussendlich wohl auf die göttliche Vorsehung zu vertrauen.

Seit dem Tag, an dem Ali Agca auf den Papst geschossen hatte, waren 19 Monate vergangen. Der Türke weigerte sich, über seine Auftraggeber zu sprechen. Er sorgte in den Ermittlungen für ein Durcheinander und beschränkte sich auf doppeldeutige Behauptungen. Die Untersuchungen gingen in der Zwischenzeit hauptsächlich in eine einzige Richtung: die berüchtigte bulgarische Schiene, die zu nichts führte und 1995 von Agca selbst zum großen Teil dementiert wurde. Wie kam man zu dieser Bulgarien-Connection?

Eine weitgehend anerkannte Erklärung gaben die Amerikaner Edward Herman und Frank Broadhead in ihrem Buch The rise and fall of the Bulgarian Connection aus dem Jahre 1986. Die beiden behaupteten, dass ab 1981 Experten der CIA auf jede nur denkbare Weise, aber leider erfolglos Klarheit über die Mitwirkung der UDSSR beim Attentat auf den Papst zu gewinnen versuchten. Trotz der Schwierigkeiten, eine solche These aufrecht zu halten, gaben einige professionelle Trendsetter der öffentlichen Meinung einem politischen Hintergrund der Tat den Vorzug, worunter die Untersuchungen litten. Zu dieser Gruppe von

Propagandisten gehörten vor allem Paul Henze (Mitarbeiter der CIA), Michael Ledeen und seine Freunde vom Center for Strategic und International Studies sowie der Journalist Claire Sterling, der 1982 einen Artikel für den Readers Digest darüber schrieb. In dem oben erwähnten Buch tauchte im Blick auf die Befürworter eines politischen Zusammenhangs auch häufiger der Name Marvin Kalb auf, der in der Medienszene der Vereinigten Staaten enormes Ansehen genoss. Kalb, ein Jude ukrainischer Abstammung, hat in seinen 30 Jahren als Journalist für CBS und NBC zahlreiche Preise. Er war ein sehr fähiger Chefkorrespondent, der auch in Moskau gearbeitet hatte. Gegenwärtig lehrt er Politologie an der Harvard Universität.

Im Oktober 1982 hielt sich der Richter Martella in Washington auf, um sich einen Film über Ali Agca anzusehen, den der Fernsehsender NBC hergestellt hatte. Darin hatte der Sender die These bekräftigt, die vom Journalisten Marvin Kalb erarbeitet worden war, wonach das Attentat mit moralischer und logistischer Unterstützung der Geheimdienste Bulgariens und der Sowjetunion durchgeführt worden sei. Um diesen Vorwurf zu begründen, ging NBC davon aus, der Papst hätte im August 1980 Breschnjew einen Brief geschrieben, in dem er ihn darüber informierte, dass er – falls die UDSSR in Polen einmarschieren würde – in seine Heimat zurückkehren würde, um den Widerstand seines Volkes anzuführen. Diese Behauptung wurde anschließend offiziell dementiert, aber diese These, wenngleich sie im klaren Widerspruch zur einfachen politischen Vernunft, aber auch zu den Grundlagen der kirchlichen Lehre stand, verbreitete sich weltweit und sprach für die nach Bulgarien führende Spur.

Die italienischen Parlamentarier, die zum Großteil dieser bulgarischen Schiene zuneigten, erbaten in der bereits erwähnten Sitzung von der italienischen

Regierung einen zusammenfassenden Bericht über die Untersuchungsergebnisse. Darauf antworteten der Außenminister, der Justizminister, der Verteidigungsminister und der Innenminister. Im Kontext des umfassenden Kampfes gegen den Terrorismus, der sich in jenen Jahren auch in Italien bereits mit aufsehenerregenden Gewaltakten manifestiert hatte, u. a. durch die Entführung und Ermordung des christdemokratischen Politikers Aldo Moro, baten im Blick auf das Papst-Attentat verschiedene Gruppen im Parlament und einige ganz persönlich darum, Informationen und wirklich relevante Einschätzungen bekannt zu geben. In der Zwischenzeit kamen aus Frankreich Informationen im Zusammenhang mit den Erklärungen des Chefs der Spionageabwehr Alexandre De Marenches, wonach die Franzosen „Bescheid wussten".

Als den vier Ministern das Wort erteilt wurde, war bereits klar, dass die Debatte über das Attentat auf Johannes Paul II. ein neues Licht auf Vorgänge in den letzten Jahrzehnten der italienischen Geschichte werfen würde: von der Zeit des Widerstands gegen die Besatzung bis zur Eingliederung in die NATO, von den Roten Brigaden bis zur Geheimloge P2, von den Vorkommnissen im Istituto Opere per le Religioni bis zu den Volksentscheiden über die Ehescheidung und Abtreibung. Bei der Gelegenheit wurde allerdings auch sehr deutlich, dass es da innerhalb Italiens einen kleinen Staat gibt, der eine enorme weltpolitische Bedeutung hat. Fast überrascht nahm man zur Kenntnis, dass man formell für die Sicherheit dieses Staatsoberhaupts verantwortlich war, auch wenn dies mit enormen Schwierigkeiten verbunden war.

Der Justizminister konnte zwar nicht die Informationen aus dem geheimen Ermittlungsverfahrens weitergeben, doch er wartete mit etwas weniger vagen Erkenntnissen auf als jene, die in der Presse veröffentlicht worden waren. Er sagte, Agca sei die Spitze einer großen Intrige gewesen, deren Umfeld nicht geklärt sei, die jedoch weit verzweigt und gefährlich sei. Deshalb sei die außergewöhnliche Entscheidung, den Papst umzubringen, in einer besonderen Umgebung herangereift. Dem hätten prekäre Konfliktsituationen im Blick auf eine völlig ungewisse Zukunft in einigen oder mehreren Ländern der Welt zugrunde gelegen. Die Ermittlungen würden vom Richter Ilario Martella geführt. Im Visier ständen fünf türkische Staatsbürger, Mehmet Ali Agca, Bagci Omer, Musa Cedar, Celic Oral und Bekir Celenk, sowie drei bulgarische Staatsangehörige, Ayvazow Todor Stoyanow, Vassilew Jelio Kolew und Antonow Sergej Iwanow. Die Türken seien in Auslieferungshaft im Ausland, von den Bulgaren sei Antonow festgenommen worden, die beiden anderen ständen unter dem Schutz diplomatischer Immunität. Nach einem Jahr Untersuchungen war das sicher kein großartiges Ergebnis, aber so war es.

Der Innenminister hatte dem nicht viel hinzuzufügen. Er sprach über seine persönlichen Gespräche in der Bundesrepublik Deutschland, in Tunesien und England; ferner dankte er der Antiterror-Organisation DIGOS und Interpol für ihre Zusammenarbeit bei den Ermittlungen. Er informierte das Parlament darüber, dass es in den Wochen vor dem Attentat keinerlei Hinweise von Geheimdiensten an die Sicherheitsbehörden gegeben habe. In seinen Schlussfolgerungen wies er darauf hin, dass das Verbrechen auf dem Petersplatz etwas von den Verstrickungen des internationalen Terrorismus sichtbar werden lasse.

Der Verteidigungsminister sagte, die Spionageabwehr sei sofort davon ausgegangen sei, dass es sich hier nicht um die Tat eines einzelnen Terroristen gehandelt habe, sondern dass ihr eine komplexe und koordinierte Planung vorausgegangen sei, von einer leitenden Zentrale gesteuert, mit anderen Worten: ein Komplott!

Auch Außenminister Colombo stimmte der Theorie eines Komplotts zu. Es habe zum Ziel gehabt, mittel- und langfristig destabilisierend auf die innere Ordnung Italiens zu wirken und sei im Zusammenarbeit mit dem Ausland durchgeführt worden. In dem dunklen Labyrinth, in dem alle sich bewegen würden, sei – so der Außenminister – alle Verantwortung wahrzunehmen, die sich daraus ergebe, dass Rom das Zentrum der katholischen Kirche und der Ort sei, wo der Papst lebe.

Das alles ergab nicht gerade ein beruhigendes Bild. Italien schien fast wehrlos dazustehen im Blick auf die Tragödie des Attentats auf den Papst. Es war zu einer Reaktion auf die Aussprache zwischen Parlamentariern und Ministern hinaus fast nicht in der Lage. In der Tat ergab diese umfassende und bewegte Debatte keinerlei Strategien zu einer Lösung. So dauert leider die Perspektive einer eventuellen weiteren Tragödie fort und ist bis auf den heutigen Tag in der internationalen weltpolitischen Szene als Bedrohung gegenwärtig. Konnte bzw. könnte es anders sein? Wenn man diese Frage mit Nein beantwortet, so bleibt ein Attentat auf den Papst weiter wie eine Lunte, die, wenn sie einmal gezündet ist, zu unvorstellbaren Katastrophen führt. Im Laufe der folgenden Jahre wurde die Katastrophe mehrmals sichtbar, allerdings nicht in Italien. Vielleicht waren die erwähnten Besuche des ehemaligen CIA-Chefs Vernon Walters mit den Spitzen im Vatikan zwischen 1981 und 1987 auch in der Beziehung förderlich.

Attentate und Drohungen gegen Johannes Paul II. seit 1984

Korea, 3. Mai 1984

Am 3. Mai 1984 war Johannes Paul II. in Seoul, der Hauptstadt Südkoreas. In seiner Ansprache dort sagte er u. a., Korea sei ein leuchtendes Beispiel für die Fruchtbarkeit des Glaubens der Laien. Es war ein Tag im Spätfrühling. Der Papst war auf dem Weg in die Kathedrale von Seoul, wo er um die Fürsprache der Gottesmutter bitten wollte. Geplant war auch eine Begegnung mit Vertretern der Opposition. Plötzlich sprang ein junger Mann aus der Menge in die Mitte der Fahrbahn und begann mit einer Spielzeugpistole auf den offenen Wagen zu „feuern“, in dem der Heilige Vater saß. Der junge Mann war sich wohl nicht im Klaren, dass er sich dabei in Lebensgefahr begab, denn er hätte sofort von einer Salve aus einer Maschinenpistole niedergestreckt werden können. Er wurde festgenommen. Sein Name war Lee. Er sagte, dass er auf diese Weise dem Papst seine Sympathie habe zeigen wollen, vor allem weil er sich so freundlich über die Gestalt des Konfuzius geäußert habe. Das war natürlich ironisch gemeint; der junge Mann war nämlich Agnostiker. Die Pistole hatte er zehn Tage vorher in einem Supermarkt gekauft, und an jenem Morgen hatte Lee plötzlich die Entscheidung getroffen, so zu handeln.

Die Polizei gab dieser Darstellung den Vorzug. So wurde schädigendes Aufsehen vermieden. Die Tat bleibt jedoch unerklärlich. Unweigerlich denkt man daran, was hätte passieren können, wenn es sich um eine richtige Pistole gehandelt hätte. Es wurden zwei Thesen aufgestellt, die dermaßen fantasiereich waren, dass man sie nicht ernst nehmen konnte. Die erste ging davon aus, dass das Schein-Attentat von der Regierung inszeniert worden sei, um die Aufmerksamkeit von der Begegnung mit den Vertretern der Opposition abzulenken. Die zweite war noch unwahrscheinlicher: Da wurde behauptet, schon in der Vergangenheit hätten christliche Märtyrer große Wunder bewirkt. Wie in den Zeiten der Christenverfolgung Folterwerkzeuge in den Händen der Henker zerbrochen seien, so habe sich die Pistole des jungen Lee in eine Spielzeugpistole verwandelt.

Der Papst selbst äußerte sich zufrieden darüber, wie er beschützt worden sei. Im Augenblick seiner Abreise nach Papua-Neuguinea bedankte er sich dafür ausdrücklich bei denen, die für seine Sicherheit verantwortlich gewesen waren.

Lateinamerika, Januar – Februar 1985

Der Heilige Vater war am 28. Januar 1985 in Caracas, der Hauptstadt Venezuelas, bevor er kurz darauf nach Ecuador und Peru weiterreiste. Die Atmosphäre war von großer Herzlichkeit geprägt. Immer wenn er sich in diesen Teil der Erde begab, war auch die Rede davon, dass ein Besuch des Papstes auf Kuba unmittelbar bevorstehe. Es fehlte jedoch eine entsprechende Einladung. Jahre später kam es dann doch zu diesem Kuba-Besuch.

Während der offiziellen Empfänge unterhielt sich der damalige Kardinalstaatssekretär Agostino Casaroli mit dem Außenminister Venezuelas, Isidro Morales Paul. Inhalt ihres Gesprächs war die politische Lage in Mittelamerika, über die beide Seiten besorgt waren. Der Heilige Stuhl hatte sich in mehreren Konflikten in diesen Ländern als Vermittler angeboten, was jedoch nicht mit Begeisterung aufgenommen worden war. Die Lage blieb weiter sehr angespannt. Dies bestätigte auch eine Nachricht, dass im peruanischen Ayacucho, mitten im Guerillagebiet, wohin sich der Papst am 3. Februar begeben wollte, in einem Elektrizitätswerk sechs Bomben explodiert seien. Die Stadt sei ohne Strom und läge im Dunkeln. Für die Region wurde der Kriegszustand erklärt. Das war eine unmissverständliche Botschaft mit der Handschrift der Guerillakämpfer vom Leuchtenden Pfad.

Als der Papst Ecuador besucht hatte, reiste er trotz allem weiter nach Lima in Peru. In den Tagen vor seiner Ankunft waren 2600 Personen festgenommen worden, von denen sich nach Behördenangaben 2000 durch ihr Verhalten verdächtig gemacht hätten. Viele von ihnen lebten in dem Elendsviertel Villa El Salvador, wo am 5. Februar eine Begegnung des Papstes mit den Armen vorgesehen war. Es wurde berichtet, dass dort mehr Polizeikräfte als Gläubige waren. In der Dunkelheit konnte man auf den Bergen rings um Lima große Feuer sehen. Sie waren von den Revolutionären vom Leuchtenden Pfad angezündet worden. Es passierte jedoch nichts.

Venlo, Niederlande, Mai 1985

Am 14 Mai 1985 wurde an der deutsch-niederländischen Grenze ein junger Türke festgenommen, der einen grob gefälschten französischen Pass bei sich trug. Sein Name war Aslan Samet. Die niederländische Polizei stellte fest, dass er eine geladene Pistole bei sich hatte. Seit drei Tagen war der Papst auf Besuch in den Niederlanden. In der Woche zuvor hatte die Polizei vier Männer verhaftet, die Plakate aufgehängt hatten, auf denen demjenigen eine Geldsumme versprochen wurde, der den Papst „liquidieren“ würde.

Der Türke sagte aus, er habe sich die Pistole, eine Browning Kaliber 9 mm, von einem LKW-Fahrer in einer Pension in Lyon besorgt. Er sei während seines Aufenthalts mehrfach bedroht worden und habe deshalb beschlossen, sich zu schützen. Bei den anschließenden Ermittlungen fand Interpol heraus, dass seine Pistole aus einer Lieferung stammte, die die Grauen Wölfe in Wien erworben hatten. Der Mann wurde in der Justizvollzugsanstalt von Maastricht inhaftiert. Im Verhör verwickelte er sich in zahlreiche Widersprüche und hüllte sich dann in Schweigen. Seine Verbindung zum Attentat am 13. Mai 1981 war offensichtlich. Der Vater von Samet sagte einer türkischen Zeitung, Ali Agca habe sich 1979 in seinem Hause aufgehalten und sein Sohn sei ihm bei der Flucht in den Iran behilflich gewesen, nachdem wegen des Mordes an Abdi Ipekci die Fahndung nach Agca lief. Vielleicht war dieser junge Mann die Person, die ein amerikanischer Tourist wenige Sekunden nach den Schüssen auf dem Petersplatz fotografiert hatte? War Samet jener mysteriöse Mann, der von Agca zunächst als der Bulgare Ayvazow und dann als Oral Celik identifiziert wurde? Das darf man mit einer gewissen Wahrscheinlichkeit annehmen, nicht zuletzt auch deshalb, weil die italienischen Ermittler, als sie die Pistole auseinander nahmen, ein von Hand eingearbeitetes Signet fanden, das man auch auf der Waffe gefunden hatte, die Agca benutzt hatte.

Im August wurde dieser Zeuge von Richtern in Rom verhört. Dabei ergaben sich „schwerwiegende Indizien" und „mutmaßliche Zusammenhänge" mit dem Attentat auf den Papst am 13. Mai 1981. Samet gab zu, dass er sich in dem Jahr für kurze Zeit in Italien aufgehalten hatte. Die Agentur AFP meldete aus Ankara, dass Samet in Wirklichkeit Oral Celik sei, der Komplize von Agca. Anhand der Fotos habe ihn einer seiner Freunde aus der Kindheit identifiziert. Oral Celik wurde in einem französischen Gefängnis ausfindig gemacht, nachdem er mehrere Jahre unter dem falschen Namen Athes Bedri gelebt hatte. Er wurde nach Italien ausgeliefert. Wegen internationalen Drogenhandels wurde ihm der Prozess gemacht, aber er wurde freigesprochen. Und Samet? Seine Spuren haben sich im Laufe der Zeit verloren.

Brisbane, Australien, 25. November 1986

Es war 9 Uhr morgens auf dem Platz vor dem Rathaus von Brisbane an der Ostküste Australiens. Ein hochaufgewachsener Jugendlicher mit länglichem Gesicht und dichtem schwarzem Haar verhielt sich verdächtig und trug unter dem Arm eine Pappschachtel. Er schaute um sich, als würde er etwas suchen. Den auf dem Platz anwesenden Sicherheitskräften fiel er nach einiger Zeit auf. Sein Verhalten war seltsam. Sie hielten ihn an. Er hieß Richard John McLauchlin, war 24 Jahre alt, in Sydney geboren, aber irischer Abstammung. Seit drei Tagen hielt er sich in der Stadt auf und hatte eine Unterkunft in einer katholischen Jugendherberge. Nun, was war in dieser Schachtel, die Richard unter seinem Arm hielt? Widerwillig stellte er sie auf den Boden. Die Beamten öffneten sie und waren bestürzt: In der Schachtel befanden sich fünf Molotow-Cocktails, die mit Sorgfalt hergestellt waren, fertig zum Gebrauch. Gegen wen? Die Antwort war klar. Auf dem Platz hätte der Papst am Nachmittag eine Ansprache an die Einwohner Brisbanes richten sollen. Als der Jugendliche aufs Polizeibüro gebracht und verhört wurde, bestätigte sich der Verdacht: „Ja, ich will den Papst töten, weil er zu viel Geld hat.“ Und er sagte ausdrücklich: „Ich habe nach einem guten Platz Ausschau gehalten, um die Molotow-Cocktails zu schleudern.“ Seinem Verhalten war zu entnehmen, dass in seinem Kopf nicht alles normal funktionierte. Im Laufe der Ermittlungen wurde dann klar, dass Richard McLauchlin Patient einer psychiatrischen Klinik in Sydney war, aus der er kurz vorher entlassen wurde.

Wojtyła seinerseits maß der Sache keine besondere Bedeutung bei. Er machte weiter in seinem Programm, feierte eine Messe im Stadion, besuchte Kranke, hielt Ansprachen und nahm sogar einen Koala-Bären auf den Arm. Mit besonderem Nachdruck wandte er sich in Australien an all jene, die getauft waren, aber am Leben der Kirche nicht mehr aktiv teilnahmen.

Die Stadt Brisbane jedoch war in heller Aufregung. Die Sicherheitsmaßnahmen wurden verstärkt. Dann traf eine andere beunruhigende Nachricht ein: Nachts waren aus einer Polizeikaserne zwei Uniformen und ein Gewehr entwendet worden. Überall auf den Straßen suchte die Polizei mit Hunden nach Spuren von Sprengkörpern. Für die Messe im Stadion wurden 1000 Sicherheitskräfte eingesetzt, die sich in Zivil unter die Menge mischten. Auch auf der Ebene behördlich genehmigter Veranstaltungen führte die Gegenwart von Johannes Paul II. zu Problemen. So trafen sich am gleichen Tag etwa 100 Frauen, die der Feministinnen-Gruppe Sophia angehörten, unweit der Kathedrale. Mit Liedern und Tänzen inszenierten sie ihren Protest gegen den Ausschluss von Frauen aus Führungspositionen der katholischen Kirche.

Die Sache mit den Molotow-Cocktails führte bei den zuständigen Behörden zu einer gewissen Besorgnis. Schon am gleichen Nachmittag machten die Medien viel Wirbel mit Extraausgaben von Zeitungen und Sondernachrichten im Fernsehen. Wiederum war die Rede von einem Komplott. Tatsächlich aber hatte Richard McLauchlin bereits gestanden, dass er allein gehandelt habe. Er war drei Tage vorher angekommen und hatte in der Jugendherberge übernachtet. Alles Geld, was er bei sich hatte – nicht gerade viel –, hatte er ausgegeben, um das Benzin zu kaufen, mit dem er sich die Molotow-Cocktails gebastelt hatte. In einem Park hatte er sie im Erdboden versteckt, um sie dann nutzen zu können. Von psychiatrischer Seite wurde seine mentale Labilität bestätigt. „Der ist verrückt", sagte Ron Redmont, der Polizeichef von Brisbane, „aber er hätte eine Tragödie auslösen können."

Lima, Peru, 15. Mai 1988

Auf dem Rückflug von Bolivien landete der Papst kurz nach Mitternacht in Lima. Als die Maschine am Ende der Landebahn angekommen war und ihre Triebwerke noch dröhnten, löschte das Flugzeug plötzlich alle Lichter. Es bestand nämlich die Gefahr, dass die Maschine zur Zielscheibe eines Terroranschlags werden konnte. Obwohl der Papst nur einen Tag bleiben wollte, war leicht abzusehen, dass diese Etappe seiner Reise besonders schwierig werden würde.

Schon am Vortag hatten in Lima Demonstrationen stattgefunden, die vom Leuchtenden Pfad organisiert waren, jener Revolutionsbewegung, die seit acht Jahren einen bewaffneten Kampf gegen die Regierung führte und drei Jahre vorher der peruanischen Hauptstadt den Strom abgedreht hatte. Am Morgen vorher hatte ein Kommando von ihnen den Flughafen angegriffen, auf dem der Papst landen sollte. Nach einem Feuergefecht war dieser Angriff jedoch abgewehrt worden. Später entschärften Sprengstoffexperten zwei Bomben, die wenige Meter von dem Ort entfernt angebracht worden waren, wo Johannes Paul II. die Feierlichkeiten des Eucharistischen Kongresses leiten sollte. Der Empfang des Papstes in Peru stand unter keinen guten Vorzeichen. In den letzten 24 Stunden vorher hatte es im ganzen Lande nacheinander fünf Attentate gegeben. Auch Journalisten waren von den Anschlägen betroffen: Ein Molotow-Cocktail wurde gegen das Hotel Crillon geschleudert, in dem sie Quartier nehmen sollten. Abgesehen von geringfügigen Schäden an der Fassade war nichts passiert, doch von der Signalwirkung her waren diese Ereignisse besorgniserregend. Die Regierung reagierte mit einem Riesenaufgebot von 22.000 Sicherheitskräften, darunter Polizisten, Militärangehörige und Sicherheitskräfte in Zivil.

Der Papst stieg also in einem Militärflughafen aus dem Flugzeug, der in einem Alarmzustand war, als würde Krieg herrschen. Längs der Landebahn waren schwer bewaffnete Truppen postiert, hier und da sah man die Umrisse von Panzern. Kein Fotograf und kein Journalist wartete auf ihn, nur eine spärliche offizielle Delegation, die sichtlich darum bemüht war, ihn so schnell wie möglich in Sicherheit zu bringen. Die acht Kilometer vom Flughafen bis zur Kathedrale waren von einem ununterbrochenen Kordon aus Sicherheitskräften gesäumt. Die Menschen drängelten sich bei der Vorbeifahrt jubelnd zum Wagen mit dem Papst, wurden jedoch von den Beamten ziemlich energisch zurückgewiesen. Während dieser Fahrt in die Stadt wurden unerwartet zwei „Sicherheitsbeamte“ festgenommen, die ein schussbereites Maschinengewehr bei sich trugen. Es waren in Wirklichkeit zwei Revolutionäre vom Leuchtenden Pfad. Es war ihnen gelungen, sich in den Sicherheitskordon einzuschleichen auf der Höhe der Kirche der Gottesmutter vom Karmel, wo der Papst kurz hätte anhalten sollen, um das Bild der Mutter Christi zu segnen. Eine providenzielle Eingebung verhinderte eine wahrscheinliche Tragödie. Aufgrund eines Hinweises musste man davon ausgehen, dass etwa 20 Personen in den Sicherheitskordon eingeschleust worden waren. Durch eine Kontrolle in letzter Minute konnten einige von ihnen identifiziert werden; zwei wurden verhaftet, während andere im Getümmel entkamen.

Als das geschah, wurde es in der Stadt plötzlich wieder total dunkel, weil der Strom erneut abgedreht worden war. Dann war von einem Ort nahe am Militärflughafen Lärm zu hören: Eine Autobombe war mit Verspätung in die Luft gegangen.

Am Tag darauf feierte der Papst auf dem Platz San Miguel zum Abschluss des Eucharistischen Kongresses eine feierliche Messe vor zwei Millionen Menschen. Wenige hundert Meter vom Platz entfernt fand man zwei Pakete mit Dynamit. So endete der Besuch in Lima. In schneller Fahrt ging es durch einen Sicherheitskordon wieder zurück zum Flughafen. Der Papst flog weiter nach Asunción in Paraguay. Der damalige Diktator General Stroessner hatte sich von der vatikanischen Diplomatie gedrängt gesehen, den Papst nach Paraguay einzuladen.

Naher Osten – Februar 1994

Seit einiger Zeit plante Johannes Paul II. eine apostolische Reise, die besonders heikel war: vier Tage im Libanon, in denen er Beirut, die Bekaa-Ebene, die Schuf-Region, Sidon, Tyros und das Dorf Kana besuchen wollte. Es wäre sein erster Besuch im Nahen Osten gewesen, und der zweite eines Papstes in der modernen Zeit, wenn man sich vergegenwärtigt, dass Paul VI. 40 Jahre zuvor nach Jerusalem gereist war. Die vatikanische Diplomatie war eifrig am Werk: Das günstigste Datum schien der 28. Mai; man war sich aber bei den Planungen darüber im Klaren, dass Attentate nicht auszuschließen waren.

Der Widerstand regte sich sofort: zwei Massaker innerhalb von 48 Stunden! Das erste dieser Gemetzel im israelischen Hebron erlangte traurige Berühmtheit. Das zweite war ein direktes Signal an Papst Wojtyła und ereignete sich in einem christlich-maronitischen Gotteshaus in der Nähe von Jounieh. Am 27. Februar 1994 explodierte dort während einer Messfeier eine Bombe: Neun Menschen wurden getötet und 55 verletzt. Es war nicht der erste Anschlag gegen christliche Gemeinden im Libanon.

Der Anführer der christlichen Libanesen ließ mitteilen: „Heiligkeit, es ist besser, wenn Sie nicht kommen. Aufgrund der aktuellen Situation ist es im Interesse des Heiligen Stuhls und der Christen im Orient, wenn der Besuch verschoben wird.“ Als Anlage fügte er die Verurteilung der Politik des Vatikans durch die Hisbollah bei. Es wurde ein Plan vereitelt, die Apostolische Nuntiatur auf dem Berg Harisa in die Luft zu sprengen, nur wenige Kilometer vom Zentrum Beiruts entfernt. Die Polizei war in höchster Alarmbereitschaft. Im Laufe der Ermittlungen verhaftete sie drei Jugendliche, bei denen ein Plan gefunden wurde, mit dem anlässlich des Papstbesuches die gesamte christliche Region destabilisiert werden sollte.

Johannes Paul II. antwortete zunächst darauf, dass er nicht beabsichtige, auf die Reise zu verzichten. Im libanesischen Geheimdienst, der mit den Geheimdiensten Italiens und Frankreichs zusammenarbeitete, herrschte Verzweiflung. Die Risiken wurden als enorm hoch eingeschätzt. An dem Punkt meldeten sich weitere hochrangige Führer der Christen im Libanon zu Wort. Raymond Eddè, ein einflussreicher maronitischer Prediger, befürchtete eine Zuspitzung an Gewalttaten. Charles Helou, der ehemalige Präsident der Republik, schrieb in einer libanesischen Tageszeitung: „Trotz aller Vorsichtsmaßnahmen, die auf allen Ebenen getroffen werden, niemand in der Welt und schon gar nicht in Europa wird uns Vorwürfe machen können wegen der Gewalttaten und Unruhen, die ausbrechen werden, wenn wir den Papst empfangen.“ Die Hauptängste gründeten auf den Drohungen seitens der Hisbollah. Diese einflussreiche, vom Iran unterstützte Bewegung widersetzte sich den Verhandlungen für den Friedensprozess im Nahen Osten und war wütend wegen der gerade erfolgten gegenseitigen diplomatischen Anerkennung zwischen Israel und dem Vatikan. Mehrere Scheichs gaben Erklärungen ab, die Schlimmes befürchten ließen. Darüber hinaus bestand das Risiko, dass das ohnehin schwache Gleichgewicht zwischen den 17 verschiedenen Konfessionen im Libanon verloren gehen würde, das der damalige Ministerpräsident Rafik Hariri (der im Februar 2005 bei einem Attentat ums Leben kam) geschickt auszutarieren wusste.

Noch Mitte März ruhten die organisatorischen Anstrengungen im Vatikan nicht. Kardinalstaatssekretär Sodano und der libanesische Außenminister teilten mit, dass der Papst seinen Besuch trotz der Verurteilungen und der Androhung von Attentaten nicht absagen würde. Am 17. März jedoch wurde auf einem Fußballfeld, das man für die Feier einer Messe des Papstes ausgewählt hatte, eine weitere Bombe gefunden und entschärft. Der Besuch wurde danach abgesagt und auf Mai 1997 verschoben.

Manila, Philippinen, 15. Januar 1995

Vom 11. bis 21. Januar bereiste der Papst ein weiteres Mal den pazifischen Raum, eine extrem heikle Mission. In vielen Zeitungen überall in der Welt waren bereits Tage vor seiner Abreise Schlagzeilen zu lesen wie „Gefahr von Attentaten auf den Philippinen“. In Manila kursierten Gerüchte, die Gruppe um Abu Sayyaf würde ein Attentat auf den Papst versuchen. Die philippinische Regierung ließ durch ihren Verteidigungsminister verlauten, dass alles getan worden sei, um Gefahren abzuwehren. Doch warum drohte Abu Sayyaf, katholische Priester zu entführen und zu enthaupten, und warum ließ er bekannt machen, er habe ein Kommando mit 20 Leuten in die Hauptstadt entsandt, um den Besuch von Johannes Paul II. zu sabotieren und ihn direkt zu treffen? Diese einflussreichste philippinische Guerillagruppierung war gegen den Waffenstillstand und die Verhandlungen, die die Regierung mit der gemäßigteren Islamischen Befreiungsfront Moro (MILF) angebahnt hatte, und wollte die internationale Aufmerksamkeit auf den Unabhängigkeitskampf auf den Inseln im Süden der Philippinen lenken. Die Bewohner dieser Gebiete sind mehrheitlich Muslime, während die Einwohner der Philippinen als einziges Land in Asien überwiegend katholisch sind. Papst Wojtyła gab hier nicht klein bei. Diesen Vorposten galt es zu verteidigen.

1995 wurde Johannes Paul II. vom Nachrichtenmagazin Time zum „Mann des Jahres" gewählt. Als „Mann des Friedens, Verteidiger des Lebens und Verfechter der Wahrheit" war er einsam geblieben, aber er war auch ein kranker Mann. Die Ärzte hatten ihm empfohlen, Vorsicht walten zu lassen. Er seinerseits nahm einen Krückstock mit elegantem Silberknauf sozusagen in seine päpstlichen Insignien auf und stützte sich darauf in schwierigen Momenten. Zu Journalisten sagte er in Anspielung auf seine Operation neun Monate zuvor: „Wie ihr seht, trage ich einen Stock. Alles ist gut verlaufen, doch das Bein ist noch nicht stark genug." Die Krankheit war ein schwerer Rückschlag hinsichtlich seiner persönlichen Sicherheit. Monatelang hat er damals mit dem Gefühl gelebt, er könne jeden Moment stürzen.

Während seiner Reise auf die Philippinen im Flugzeug kniete der Papst, bevor er in das für ihn vorbereitete Bett im oberen Deck ging, nieder und betete für die muslimischen Brüder in Algerien, damit dort eine friedliche Lösung gefunden würde. Als er auf dem alten Flughafen von Manila die Treppe des Flugzeugs hinab stieg, schien er gelassen und froh, sozusagen „in Form“ für den Weltjugendtag und das Vierhundertjahr-Gedenken der katholischen Diözesen auf den Philippinen. Manila war die erste Etappe einer langen apostolischen Reise, während der drei Seligsprechungen anstanden. In Papua-Neuguinea sollte ein paar Tage später ein Katechet selig gesprochen werden, der von den Japanern im Zweiten Weltkrieg umgebracht worden war. In Australien sollte diese Ehre der Ordensschwester Mary MacKillop und in Sri Lanka dem Missionar Josef Vaz zuteil werden. Seit 17 Jahren nahm Johannes Paul II. ständig neue Heilig- und Seligsprechungen vor, erinnerte an Jahresgedenken und nahm an riesigen Massenveranstaltungen teil. Dabei waren die Sorgen der Organisatoren und die Begeisterung vieler Menschen und Medien meist geteilt. Er löste Massenwallfahrten aus, schaffte unter großen Menschenmengen eine Atmosphäre der Zustimmung und Zuneigung und exportierte auf diese Weise das „Modell Tschenstochau“ in alle Länder. Obwohl die Kirche aktiv und lebendig war, hatte sie durchaus auch Schwierigkeiten, vor allem im Blick auf ihre Zukunftsperspektiven. Die Zahl der Priester und Ordensleute war rückläufig. Es erhoben sich immer wieder Stimmen gegen das Nein zur Heirat von Priestern, und die Zahl der Sekten nahm weiter zu. Johannes Paul II. arbeitete unermüdlich an seinem riesigen Netzwerk, indem er zwischen den „Provinzen“ seines Reiches hin und her pendelte, wobei er den schwierigsten und notleidendsten den Vorzug gab. So gelang es ihm, das Zusammengehörigkeitsgefühl der Katholiken in der ganzen Welt und das Ansehen des Papsttums immens zu stärken. In mehreren Fällen, wie in Polen, Brasilien, Chile und auf den Philippinen, vermochte er dank der katholischen Präsenz die Nationen auf ihrem

Weg von der Diktatur zur Demokratie zu begleiten. Dafür setzte er sich weiter persönlich Gefahren aus – jederzeit!

In Manila hatte er sich eine weitere sehr schwierige Aufgabe vorgenommen: China eine Botschaft zu senden. Eine Begegnung mit der offiziellen katholischen Delegation aus China und mit zwei Gruppen aus der Untergrundkirche Hongkongs schien möglich zu werden. Doch in der philippinischen Hauptstadt brodelte die Atmosphäre. Drei Personen wurden verhaftet, weil sie im Verdacht standen, ein Attentat auf den Papst vorzubereiten. Zu dem Zeitpunkt war man sich nicht im Klaren über den größeren Zusammenhang, in dem sie sich bewegten. Dann bekam jedoch diese Affäre ziemlich finstere Konturen auf Weltebene. Es handelte sich um den so genannten Bojinka-Plan (Bojinka ist das serbokroatische Wort für „Explosion"), eine terroristische Operation, durch die unter anderem elf Flugzeuge im Liniendienst auf internationalen Strecken gleichzeitig in die Luft gesprengt werden sollten, eines davon sollte dabei auf den Hauptsitz der CIA in Langley, Virginia, stürzen.

Dieser Plan sollte nach dem Attentat auf den Papst zur Ausführung kommen. Der für den Anschlag auf den Papst gewählte Termin war der 15. Januar 1995: Auf dem Weg zur Versammlung der Bischöfe Asiens sollte Johannes Paul II. auf Manilas Stadtring Edsa getötet werden. Ein als Priester verkleideter Attentäter sollte sich ihm nähern und dann eine Ladung Sprengstoff zünden, die er unter seiner Soutane trug. Eines der Ziele des Anschlags war es, die allgemeine Aufmerksamkeit abzulenken, um sodann mit der Verwirklichung des Bojinka-Planes zügig voranschreiten zu können. Für die operative Durchführung des Attentats war ein Kommando von 20 Leuten mobilisiert worden. Aufgrund einer Reihe von Zufällen jedoch fand die Polizei in einem anonymen Appartement in Manila vier Handgranaten, ein Foto vom Papst und die Ausstattung für einen Priester. Zunächst wurden ein 26-jähriger pakistanischer Staatsangehöriger, Sahid Ahmed, und ein Marokkaner namens Nahid Hada ausfindig gemacht. Die drohende Gefahr war momentan abgewendet.

Einige Tage später jedoch, als der Papst nach Sydney gekommen war, wurde erneut Alarm ausgelöst. Nach Recherchen teilten die philippinischen und amerikanischen Geheimdienste mit, dass sie sich sicher seien, dass ein irakischer Terrorist dem Papst auf den Fersen sei. Diesmal schien es sich um einen wirklich großen Fisch zu handeln, für dessen Festnahme eine Belohnung von zwei Millionen Dollar ausgesetzt wurde. Er war persönlich nicht identifiziert, sondern nur unter einem Decknamen bekannt: Ramzi Ahmed Yousef, der den Kampfnamen „Neuer Schakal" trug. Das war der Mann, den das FBI für den ersten Anschlag auf das World Trade Center in New York 1993 verantwortlich machte. In Thailand wurde nach ihm gefahndet, weil er bei der Vorbereitung eines Anschlags auf die israelische Botschaft einen Büroangestellten getötet hatte. In Bangkok hatte man das gleiche Unternehmen vor wie 1983 in Beirut, wo der Tod von 241 US-Marinesoldaten und 58 französischen Fallschirmjägern zu beklagen war: Ein mit Sprengstoff vollgepackter Lastwagen sollte gegen das große Gebäude gefahren werden. Dieser Yousef – der Neue Schakal – wurde als Verantwortlicher der Vorbereitungen des Attentats auf den Papst in Manila bezeichnet. Wo er sich heute befindet, weiß niemand.

Ein Sprecher der philippinischen Polizei sagte, die Informationen seien vorher nicht verbreitet worden, um den Besuch des Papstes nicht zu stören. Inzwischen jedoch rückte eine andere Geschichte in ein neues Licht, die bei der ersten Zwischenetappe in Papua-Neuguinea passiert war. In der Hauptstadt Port Moresby war während des Aufenthalts des Papstes ein philippinischer Geschäftsmann verhaftet worden, der im Besitz einer Pistole war. Wer war das in Wirklichkeit?

Höchste Alarmstufe gab es im Moment der Abreise des Papstes nach Sri Lanka. Auf dieser Insel gab es viele Spannungen wegen der Ausführungen des Papstes in seinem Buch *Die Schwelle der Hoffnung überschreiten* im Blick auf den Buddhismus, die in Sri Lanka negativ interpretiert wurden. So waren in Colombo Spruchbänder zu sehen, auf denen stand: „Wir wollen den Papst nicht." Die buddhistischen Führer des Landes entschuldigten sich offiziell. Bekannt wurde, dass zur Wahrung der Sicherheit außer Tausenden von Polizisten das Heer mobilisiert wurde. Rings um die Hauptstadt wurden Straßensperren errichtet, an denen jedes Fahrzeug genauestens kontrolliert wurde. Längs der Fahrtroute des Papstes waren einige Dutzend Patrouillen unterwegs, um stichprobenartig Durchsuchungen vorzunehmen.

Der Papst und seine Mitarbeiter bemühten sich, den Drohungen keine Bedeutung beizumessen, doch der Sicherheitsdienst, der ihn begleitete, musste immer auf jedes Detail achten. Die Eskorte bestand aus sechs Männern: vier vom vatikanischen Wachkorps und zwei Schweizer Gardisten. Ihr Chef war ein unermüdlicher Mann aus der Gegend von Venedig mit stets wachsamen Augen: Camillo Cibin. Er führte auch die Aufsicht, wenn der Papst ruhte, und sorgte dafür, dass immer ein Mann vor der Tür des Zimmers Wache hielt, wo der Papst schlief. Tagsüber scharten sich Cibin und seine Leute wie ehemals die Lanzenreiter diskret um den Papst und waren bereit, als menschliches Schutzschild Gefahren abzuwehren. Die Eskorte stand in ständigem Kontakt mit verschiedenen internationalen Nachrichtendiensten, die das Weltgeschehen verfolgen. Sie sammeln Informationen und werten sie aus; dann werden je nach Einschätzung der Lage die Sicherheitsmaßnahmen getroffen. Es ist nicht bekannt, ob diese unmittelbaren Personenschützer bewaffnet waren, weil diese Aufgabe offiziell jeweils Beamten der Gastgeberländer anvertraut ist. Aufgrund von Indiskretionen kam heraus, dass die größte Gefahr von einer ganz neuen Pistole deutschen Fabrikats ausgeht, die fast ganz aus Kunststoff besteht, nur ein Stück des Laufs ist aus Metall. Damit könnte man die Metalldetektoren umgehen: Man könnte sie, in Einzelteile zerlegt, irgendwo einschleusen und dann nach den Kontrollen wieder zusammenbauen. Ja, der letzte Schutz des Papstes liegt wohl doch in den Händen der göttlichen Vorsehung.

In Colombo kam es zu keinen Zwischenfällen. Der Empfang von Johannes Paul II. war bewegend, und die Buddhisten hatten den Friedenszweig wirklich angenommen.

Am Tage der Rückkehr des Papstes wurde nach dem Flug vom Pressebüro des Heiligen Stuhls eine offizielle Mitteilung an die Journalisten verteilt. Zum ersten Mal zeigte sich der Vatikan ernsthaft in Sorge und gab die Empfehlung, „vor dem Abflug persönlich auf das eigene Gepäck zu achten und es nie unbewacht zu lassen, auch nicht beim Ceck-in, bis zur Übergabe an den Sicherheitsdienst – auch Handgepäck". Alle wurden gebeten, sehr sorgfältig alle Gegenstände zu prüfen, die im letzten Moment ins eigene Gepäck hineingesteckt würden.

Besorgniserregend waren Meldungen über den körperlichen Gesundheitszustand des Papstes. Völlig erschöpft von der Hitze, durchlebte er einen persönlichen Kreuzweg, der sich leider im Laufe der nächsten Jahre fortsetzen sollte. Sein Blick war auf den Boden gesenkt, sein Mund halboffen, das Gesicht angeschwollen, und das eine Bein konnte er oft kaum noch bewegen. Sehr bald gewöhnten sich die Medien und die Menschen an diesen Anblick, an dieses Zeugnis seiner Annahme körperlicher Gebrechlichkeit und des Leidens.

Managua, Nicaragua, Februar 1996

Vom 5. bis 12. Februar reiste Johannes Paul II. noch einmal nach Mittelamerika. Am 7. Februar war sein zweiter Besuch in Managua in Nicaragua geplant. In der ohnehin schon ziemlich gebeutelten kleinen Nation hatte die Kampagne für die Wahlen alte Wunden neu aufgerissen. Vor allem die Studenten und die Arbeiter waren sehr aufgebracht. Es kam zu Demonstrationen und Auseinandersetzungen in der Öffentlichkeit. So äußerte Julio Orozco, ein Studentenführer, seinen Willen, den Papst in einem Brief um Hilfe zu bitten. Kardinal Miguel Obando y Bravo wandte sich an die Polizeikräfte und bat darum, sowohl gegenüber den Studenten wie auch gegenüber den Gewerkschaftsführern mit äußerster Rücksichtnahme zu handeln. Bekannt war, dass die Regierung im Blick auf die Sandinisten und die ehemaligen Contras präventiv Verhaftungen geplant hatte. Man befürchtete Gewalttaten. Zum Schutz des Papstes bot die Regierung 6000 Sicherheitskräfte auf, neben einer starken Präsenz der Kräfte vom Roten Kreuz. Die Vorbereitungen für den Besuch nahmen mehrere Wochen in Anspruch. Es gab ein Problem: In Nicaragua stand kein gepanzertes Papamobil zur Verfügung. Das wurde aus Chile eingeflogen. Als der Papst dann in Guatemala eintraf, wurde er von einer Million Menschen empfangen. Die Atmosphäre war sehr gespannt, doch alles ging gut.

Sarajevo, Bosnien, 12. April 1997

Schon 1994 hatte der Papst nach Drohungen seinen Besuch absagen müssen. Überall im Lande lagen noch nichtexplodierte Minen. In der Stadt sah man die Fahrzeuge der internationalen SFOR-Truppen, die dort im Einsatz waren, um die Lage zu stabilisieren, und viele Jeeps der Vereinten Nationen. Dem Papier nach schien das Land befriedet, doch die Spaltungen zwischen Muslimen, Serben und Kroaten blieben bestehen, und das Projekt eines vereinten Bosniens war noch keineswegs realisiert. Unter den verschiedenen Konfessionen zeigten die serbisch-bosnischen Orthodoxen hinsichtlich des Papstbesuches eine gewisse Gleichgültigkeit. Aggressivität und Streit jedoch kam auf durch die Äußerungen kroatisch-bosnischer katholischer Extremisten, die in der Gegenwart des Heiligen Vaters eine formale Anerkennung der mehrheitlich muslimischen Regierung sahen. Das ganze Puzzle lässt sich jedoch nur schwer zusammenfügen: Es war erneut eine jener unmöglichen Missionen, die sich nur jemand wie Papst Wojtyła zutraute.

Seine Sicherheit lag diesmal in den Händen von 10.000 Mann, darunter 1700 Italiener, die zu den SFOR-Truppen gehörten und für die Luftüberwachung und Kontrolle im Hinterland zuständig waren. Hinter dem päpstlichen Gefolge wurden 1000 Beamte der neu formierten Polizei der kroatisch-muslimischen Föderation postiert. Die Aufmerksamkeit richtete sich ganz auf die zehn Kilometer Wegstrecke vom Flughafen bis zur Stadt. Es wurde der Vorschlag gemacht, einen Hubschrauber zu benutzen, doch der Papst wollte das nicht, und ein Militärfahrzeug schon gar nicht. Für die Verantwortlichen für die Sicherheit war das ein Albtraum. Der Papst wollte sich zeigen und das Papamobil in langsamer Fahrt nutzen. Er war nicht darüber informiert, dass die Behörden des Landes den Leuten sogar verboten hatten, sich sehen zu lassen.

In fünf Stunden war die Landung geplant. Es war in der Mittagszeit. Unter einer Brücke auf dem Weg, den der Papst fahren sollte, ganz in der Nähe des Zentrums des bosnischen Fernsehens und einige hundert Meter vom Hauptquartier der

UNO entfernt, schaute ein Arbeiter noch einmal an einem Ort nach, der bereits am Tag zuvor inspiziert worden war. Das mag übereifrig gewesen sein – doch zum Glück! Er fand einen Sprengkörper, dann noch zwei weitere. Er alarmierte die Polizei, die Sicherheitskräfte und Sprengstoffexperten, die sich gemeinsam an die weitere Suche machten. Sie fanden insgesamt 23 Sprengkörper: Panzerminen mit Fernzündern! Sie waren im Dunkel der Nacht dort angebracht worden. Wer immer im Augenblick ihrer Zündung auf der Brücke gewesen wäre, der wäre zerfetzt worden.

Das Flugzeug mit Johannes Paul II. startete in Rom, während die Polizei nach vier fundamentalistisch orientierten Türken fahndete, die im Verdacht standen, zur Gruppierung „Rückkehr des Propheten" zu gehören. Dann wurde von einem Privatsender mitgeteilt, dass es Anhänger der „Grauen Wölfe" seien, also in Verbindung mit der gleichen Organisation standen wie Ali Agca. Schließlich sprach man auch von einer Zusammenarbeit mit Personen aus dem Iran.

Sarajevo tauchte in ein finsteres unwirkliches Schweigen, das nur vom Lärm der Panzerketten durchbrochen wurde, die sich an den strategisch wichtigen Punkten postierten. Der private Fahrzeugverkehr war ganz eingestellt. Auf den Dächern längs der Fahrtroute konnte man die Umrisse von Scharfschützen erkennen, die sich mit großer Vorsicht bewegten. Das Flugzeug landete. Um 17.30 Uhr stieg der Papst von der Treppe herunter. Zu seinem Empfang war der bosnische Präsident Izetbegovic gekommen, ein Muslim mit Militärbarett auf dem Kopf, was sicher kein beruhigendes Zeichen war. Ihm zur Seite stand der Kroate Zubak. Das dritte Mitglied der föderativen Regierung, der Serbe Krajisnik, hatte es aus Sicherheitsgründen vorgezogen, fernzubleiben. Der Papst hielt eine kurze, aber sehr aussagestarke Ansprache gegen den Hass, gegen Krieg und Intoleranz.

Er gab dabei keiner ethnischen oder religiösen Gruppe den Vorzug. Johannes Paul II. war ein Papst, der immer für alle Menschen dasein wollte. Er sprach stehend in kroatischer Sprache. Einer aus seiner unmittelbaren Umgebung lud ihn ein, sich zu setzen. Das war gefährlich. Weshalb sollte er sich der Gefahr aussetzen? Doch – wie immer – lehnte der Papst solche Vorsichtsmaßnahmen ab. Izetbegovic schien dem zuzustimmen. Er richtete an den Papst Worte hoher Wertschätzung und Anerkennung und sagte: „Während des Krieges, als die Mächtigen der Erde ihre Augen vor dem Völkermord verschlossen, haben Sie nicht geschwiegen. Dafür möchten wir Ihnen danken." Bis dahin war alles in Ordnung, doch es blieben noch weitere ziemlich aufregende 24 Stunden. Nicht nur in Sarajevo, Rom und beim Heiligen Stuhl hielt man den Atem an, sondern das war in vielen Teilen der Welt spürbar. Die Nachrichtendienste zahlreicher Nationen standen im dauernden Kontakt mit ihren „Sondergesandten" und waren im Falle eines Attentats bereit zur Suche nach der Wahrheit auf dem weit verzweigten Feld der Spuren.

Nicht wenige dachten in diesen Stunden auch zurück an den 28. Juni 1914. An jenem Tag hatte hier in Sarajevo ein jugendlicher Geistesgestörter im Alter von 18 Jahren, Gavrilo Princip, zusammen mit zwei weiteren jungen Männern den habsburgischen Thronfolger Erzherzog Franz Ferdinand und seine Gemahlin Sophia mit einem Revolver erschossen. Das war seinerzeit gleichsam die Lunte, die nach einem kurzen „Präventivkrieg" seitens Österreich gegen Serbien den Ersten Weltkrieg auslöste. Glücklicherweise blieb eine mögliche Wiederholung nur ein schlimmer Traum. Doch kehren wir zu den Fakten zurück.

Der Papst bestieg das weiße Fahrzeug, das vor dem Flughafen auf ihn wartete. Dann begab er sich mit einer der wachsamsten und schwerstbewaffneten Schutzeskorten, die es je gegeben hatte, auf die zehn Kilometer lange Strecke bis zur Kathedrale in Sarajevo. Die Leute waren fast alle zu Hause geblieben, niemand zeigte sich an den Fenstern. Nur hier und da sah man kleine Gruppen von Katholiken, die diskret Fähnchen schwenkten. Als eine Menge in Feststimmung in Sicht kam, die sich in der Nähe der Kathedrale versammelt hatte, war bei den Sicherheitsleuten zum ersten Mal wieder ein leichtes Aufatmen zu spüren. Nachdem der Papst eine Messe nur für Priester, Ordensschwestern und Seminaristen gefeiert hatte, zog er sich in eine stark gesicherte Residenz zurück.

Der nächste Tag war ein Sonntag, es war eiskalt, ca. 40.000 Katholiken, die unter großen Mühen aus allen Teilen Bosniens zusammengeströmt waren, versammelten sich in einem Schneesturm im Kosevo-Stadion. Das war ein Zeugnis äußersten Mutes. Der Papst wankte im stürmenden Wind. Auch seine Leibwachen, die – angeblich – sich zum ersten Mal schusssichere Westen anlegen mussten, gaben ein beredtes Zeugnis von ihrer ganz persönlichen besonderen Zuneigung zum Papst, die weit über das Berufliche hinausging.

Im Laufe der Stunden löste sich die Spannung. Sie kehrte allerdings zurück, als Krajisnik, das serbische Mitglied der Präsidentschaft, eine Erklärung in Umlauf brachte, in der er die Zeremonien und Worte des Papstes gegen den Krieg als „Publicity-Kampagne“ bezeichnete. Doch bald danach war es Zeit zum Aufbruch. Das Team der McDonnell Douglas S-80 der Alitalia wartete schon mit großer Freude auf den Papst und sein Gefolge. Dann hob die Maschine elegant von der Piste ab mit Kurs auf Rom. Die Mission war vollbracht. Noch wurde nicht von einer Eskorte von Jagdflugzeugen gesprochen, die das Flugzeug des Papstes begleitete, doch leider sollte auch der Zeitpunkt kommen.

Metalldetektoren im Petersdom

Wenige Monate vor dem Heiligen Jahr 2000 begann man im Vatikan, erstmals ernsthaft über die Anschaffung von Metalldetektoren in größerer Stückzahl nachzudenken. Alle Jubiläumsbasiliken sollten damit ausgestattet werden, und natürlich in besonderer Weise der Petersdom. Wenn Bernini das gewusst hätte! Seine majestätischen 88 Pfeiler, seine 284 Säulen, die als feierliche, marmorne Umarmung der christlichen Gemeinschaft und der ganzen Welt konzipiert waren, wandelten sich in eine Art Siebstruktur, in einen riesigen „Filter“, durch den im Namen der Sicherheit Hunderttausende von Gläubigen geschleust werden sollten.

Die Organisatoren und Planer des Großereignisses Heiliges Jahr 2000 kamen schon seit einiger Zeit regelmäßig zusammen, darunter der Polizeichef Antonio Pagnozzi und Kardinal Edmund Szoka als Vorsitzender der Päpstlichen Kommission. Sie besprachen die Frage eines „Sicherheitsfilters“ und entschieden dann, unter allen Arkaden von der einen Seite der riesigen Arme aus Säulen bis zur anderen Detektoren aufstellen zu lassen, die Metall jeder Art anzeigen, wenn jemand durch sie hindurchgeht. An vielen strategischen Punkten wurden Kameras angebracht, mit denen man in jeden Winkel des Petersplatzes hineinsehen konnte. So konnte sich der Sicherheitsdienst jederzeit von den eigenen Monitoren aus einen Überblick über die Gesamtsituation verschaffen. Kardinal Szoka hatte ein Spezialkomitee, das aufgrund eines päpstlichen Dekrets gebildet worden war, mit der Arbeit betraut, eine Soforteingreifgruppe aus entsprechend ausgerüsteten Sicherheitskräften zu leiten. Man befürchtete, diese neue Mischung aus fundamentalistischem Fanatismus, ethnischer und religiöser Intoleranz am Ende des Jahrtausends könnte mit unausdenkbaren Folgen explodieren. Für die

Basilika Santa Maria Maggiore wurde allerdings der Plan solcher „Magnettore“, wie man sie nannte, draußen vor dem Gotteshaus aus ästhetischen Gründen verworfen.

Indien, Oktober und November 1999

Für die Katholiken in Indien war es eine Zeit der Trauer und Sorgen. Einige Gemeinden waren von fundamentalistischen Hindus angegriffen worden, und von der Vishwa Hindu Parishad wie von der Sangh Parivar waren einige flammende Proteste mit versteckten Drohungen gegen den Indien-Besuch von Johannes Paul II. erhoben worden, den er vom 5. bis 8. November im Programm hatte. Die offiziellen Begründungen für die Zwistigkeiten beriefen sich auf „Zwangsbekehrungen“ seitens der Katholiken. Im Besonderen verwies man auf eine Geschichte um einen Missionar, Father Graham Staines, der Leprakranke „bekehrt“ haben soll, wenn sie in Krankenhäusern behandelt worden seien, die auch vom Vatikan Unterstützung bekommen.

Diese Querelen bestanden im Grunde seit Jahrhunderten, doch jetzt kam der Papst selbst nach Indien, und deshalb musste sich die Regierung Gedanken über die nötigen Sicherheitsvorkehrungen machen. Der wichtigste Mann für die Arbeit in diesem Netzwerk war Erzbischof Alan de Lastic. Er traf sich mit den höchsten politischen Vertretern Indiens und versicherte ihnen: „Es ist alles vorbereitet für einen friedlichen Besuch des Papstes.“ Es waren Begegnungen mit wichtigen Persönlichkeiten, ein Besuch des Mausoleums von Mahatma Gandhi und Raj Sat vorgesehen, ferner war eine Messfeier in der Kathedrale vom Heiligsten Herzen, eine Messe im Nehru-Stadion und eine Begegnung mit den Vertretern orientalischer Gläubiger geplant.

Die Regierung ließ schon ein paar Wochen vor der Ankunft des Papstes manöverartige Übungen durchführen. In den schier endlosen Randbezirken von Neu Delhi tauchten Spezialkommandos auf, Sprengstoffexperten suchten nach versteckten Bomben oder Minen. An den Wegen zu den Gebäuden und Orten, wohin sich der Papst begeben würde, wurden Metalldetektoren installiert. Der Innenminister hatte einen Sonderbeauftragten bestimmt, T. R. Kakkar, der sich in Abstimmung mit der Polizei von Delhi und zahlreichen internationalen Geheimdiensten um jedes Detail kümmerte.

Am Tag der Ankunft des Papstes verbreitete sich eine schlechte Nachricht. Nach Informationen aus dem Innenministerium hatten nicht nur die fundamentalistischen Organisationen in Indien, wie VHP, RSS und Shiv Sena, sondern auch die Regierung selbst plausible Gründe zu glauben, dass ausländische Terroristen in der Komplizenschaft Osama Bin Ladens einen Anschlag auf den Papst verüben wollten, um die Regierung Indiens zu diskreditieren. Als Beleg dafür führte man das berüchtigte gescheiterte Attentat auf den Philippinen im Jahr 1995 an. Die indische Regierung wies darauf hin, dass die Sicherheitsbedingungen bestmöglich seien und neben den so genannten Black Cats-Kommandos weitere Sondertruppen zum Einsatz kämen. Die internationalen Nachrichtendienste wurden aktiv, um der Bedrohung entgegenzuwirken. Die Polizei von Neu Delhi errichtete Straßensperren rings um die ganze Stadt: Man befürchtete, dass Terroristen aus Kaschmir eindringen könnten. Über einige Gebiete, von denen man wusste, dass dort islamistische Fundamentalisten logistisch unterstützt wurden, wurde der Kriegszustand verhängt. Drei Hotels im Viertel Nizamuddin, in dem auch militante Personen aus Kaschmir Unterkunft suchten, wurden besonders überwacht. Zwei leitende Mitarbeiter der Hotels wurden einem langen

Verhör unterzogen, woraus sich weitere besorgniserregende Anhaltspunkte ergaben.

Die Bedrohung des Papstes erwies sich in einem weitaus größeren Ausmaß als beunruhigend. Einige Tage zuvor hatte der indische Außenminister Pakistan verurteilt, weil es militanten und radikalen Muslimen gestattet hatte, ihren Jahreskongress in Lahore abzuhalten. Zuvor hatte die Regierung der Vereinigten Staaten Delhi um Zusammenarbeit bei der Fahndung nach Osama Bin Laden gebeten. Man ging davon aus, dass er sich in Pakistan versteckt halten würde. Delhi hatte höflich abgelehnt, aber geäußert, dies weiter erwägen zu wollen. Wegen dieses explosiven Wirrwarrs an offenen Fragen beschloss man, die Medien so weit wie möglich herauszuhalten und nicht zu informieren.

Der Papst landete auf dem Flughafen von Neu Delhi ohne große Fanfaren und offizielle Ansprachen, ohne Live-Übertragung im Fernsehen. Eine Reihe von Vertretern der Regierung war nicht anwesend. Lediglich auf der ersten Seite einer Tageszeitung wurde ein offener Brief an den Papst veröffentlicht, der von einer zahlenmäßig starken Gruppe von Künstlern und Intellektuellen Indiens unterzeichnet war. Darin war zu lesen: „Die Katholiken sprechen von Evangelisierung, doch häufig ist dieser Begriff nur eine geschönte Umschreibung, um dahinter ihre Absicht zur Bekehrung anderer zu verbergen."

Die Kathedrale vom Heiligsten Herzen Jesu in der Nähe von Gole Dak Khana, wo der Papst an der Abschlusssitzung der Synode der Bischöfe Asiens teilnahm, erschien wie eine Festung. Außer den Polizisten riegelten über 500 Sicherheitsbeamte den Ort ab. Überall sah man Spürhunde, die nach Sprengstoff suchten. Journalisten waren nicht zugelassen. Die Polizeiführung rechtfertigte die Situation: „Wir führen die Anordnungen des Premierministers Vajpayee aus.

Uns wurde aufgetragen, den Papst wie ein Staatsoberhaupt zu behandeln, und das machen wir." Draußen vor den Gebäuden wurde der Papst mit seinem Gefolge an beiden Seiten von Sicherheitskräften flankiert, die Schulter an Schulter standen.

Navarro-Valls, der Pressesprecher des Vatikans, sagte zu den Drohungen seitens der Fundamentalisten, sie seien die Frucht einer Instrumentalisierung von kleinen isolierten Gruppen, und betonte nachdrücklich das Recht auf Religionsfreiheit. Am 7. November waren rings um das Nehru-Stadion mehrere Tausend Soldaten in Stellung. Jeder Gläubige, der an der Messe teilnehmen wollte, wurde sorgsam durchsucht. Jede Tasche, jede Flasche, alle überflüssigen Gegenstände mussten überwacht an den Zugängen zurückgelassen werden. Schließlich waren 40.000 Menschen im Stadion. Das waren nicht viele, aber auch nicht wenige, wenn man bedenkt, dass die Katholiken in Indien eine verschwindend geringe Minderheit sind. Hatte sich der ganze Aufwand gelohnt?

Israel, März 2000

Das war eine weitere Reise, wo jenseits aller politischen und religiösen Fragen das Thema Sicherheit ganz vorn auf der Tagesordnung stand. Dabei standen die beiden Konfliktparteien, die Israelis und die Palästinenser, im Mittelpunkt. Beide Seiten fühlten sich verantwortlich, trafen sich wochenlang zu Verhandlungen, entwarfen Pläne, verteilten Zuständigkeiten und Einflussgebiete.

Fünf Tage vor der Ankunft des Papstes, die für den 20. März im Heiligen Jahr 2000 vorgesehen war, waren noch alle entsprechenden Vereinbarungen zu treffen. Es blieben vor allem zwei offene Probleme: die Fahrt nach Ost-

Jerusalem und der Aufenthalt in Kasr al-Yahud, ein Ort am Jordan in der Nähe von Jericho. Nach christlicher Tradition soll an dieser Stelle Jesus im Jordan getauft worden sein. Es gab zwei Verhandlungsführer, Emil Jarjoui als Vertreter der palästinensischen Autonomiebehörde und Moshe Fogel für Israel. Nach der Meinung des Letzteren befand sich Kasr al-Yahud zu nahe an einer Militärbasis, sodass man nur das Zugeständnis eines kurzen Aufenthalts machen könnte, nur eine Viertelstunde! Fogel sagte: „Ein Kurzausflug im Hubschrauber, den man auf dem Weg von Jerusalem nach Betlehem machen kann." Doch Jarjoui entgegnete: „Nein, der Papst wurde von Arafat persönlich eingeladen, Kasr al-Yahud zu besuchen. Es soll eine feierliche Zeremonie werden." Darauf Fogel: „Wir lassen nur wenige religiöse Würdenträger zu." Die Frage blieb ungeklärt, und man ging zur nächsten über.

Abu Sharif erinnerte im Auftrag Arafats daran, dass der Papst während der Feiern nicht direkt von Sicherheitsbeamten der Israelis umgeben sein wollte. Er schlug vor, dass sie vier oder fünf Meter Abstand halten sollten. Das wurde gar nicht erst diskutiert, und man ging wieder zum nächsten Punkt über.

In der Stadt Jerusalem sollte Israel für die Sicherheit verantwortlich sein, doch die Palästinenser lehnten die Idee ab, dass der Papst während seines Besuchs im Flüchtlingslager Aksa von Israelis eskortiert werden sollte. Die Verantwortlichen von Aksa hatten ihre eigenen Sicherheitsleute. Die israelischen Sicherheitsbeamten sollten den Papst nur bis zu den Toren begleiten und ihn dann dem Schutz der Palästinenser überlassen. Unter anderem dachten die Verantwortlichen der palästinensischen Autonomiebehörde an eine Begegnung mit dem Papst im Flüchtlingslager Aksa, wie das im Oslo-Vertrag vereinbart war, da sie ihn in Jerusalem nicht treffen konnten. Das würde man dann sehen ..., und so gingen diese Verhandlungen weiter.

Die Papstreise sollte den Dialog zwischen den Religionen fördern und der Sache des Friedens dienen. Nur um ihn zu schützen, sowie die 50.000 Gläubigen, die sich auf den Weg machten, um ihn zu sehen, und die mit 300 Sonderflügen aus 27 Ländern anreisten, und ferner 2.000 Journalisten, dafür wurden 18.000 Polizisten, über 6.000 Soldaten und Hunderte von Sicherheitsexperten aufgeboten. „Das sind Dreiviertel der Kräfte, die wir zur Verfügung haben", sagte Yehuda Wilk, der Generalinspektor der israelischen Polizei, „nicht einmal für Bill Clinton wurde ein ähnlicher Aufwand betrieben."

Der israelische Staat hatte keineswegs die Ermordung seines Premierministers Rabin 1995 in Tel Aviv vergessen. Offiziell wurden keine Drohungen registriert, abgesehen von Parolen an den Mauern des ultraorthodoxen Viertels in Jerusalem, wo man den Papst verwünschte und seitens der Extremistengruppe Kach zum Boykott aufrief. Die Spannung war äußerst geladen. Keineswegs ironisch kommentierte ein Journalist im Fernsehen: „Wenn dem Papst etwas zustoßen sollte, dann würde man sagen, dass wir alle 2.000 Jahre das Oberhaupt der Christen umbringen."

Am 20. März wurde die Operation „Alter Freund" ausgelöst – diesen Namen wählte die israelische Regierung als Code. Sie begann mit der Landung auf dem Flughafen Ben Gurion. Die Straßen wurden eine halbe Stunde vor der Durchfahrt der Fahrzeuge mit dem Papst bis eine halbe Stunde danach abgesperrt. Der Papst fuhr im gepanzerten Papamobil, und um ihn in die alten Gassen von Jerusalem zu bringen, verwendete man einen Mini-Traktor, der eigens dafür gebaut worden war. Angesichts des Gesundheitszustandes des Papstes waren alle Krankenhäuser in Alarmbereitschaft, vier Ärzte waren unmittelbar in Bereitschaft, darunter zwei

Israelis, die Polnisch sprachen; extra verfügbar waren zwei Krankenwagen.

Kurze Zeit vor der Landung des Papstes löste ein angesehener Rabbiner eine Polemik aus: Er forderte, der Papst solle während seines Besuchs an der Klagemauer keine Kreuze tragen. Die Palästinenser mit Arafat an der Spitze legten ihm keine Beschränkungen auf, sondern erwarteten ihn mit offenen Armen.

Die Woche vom 20. bis 26. März sollte für Johannes Paul II. sehr schwer werden: der Besuch am Monte Nebo, mehrere Gottesdienste, Gebete in Betlehem und Nazaret, die Besuche im Flüchtlingslager und in der Holocaust-Gedenkstätte und das Gebet an der Klagemauer. Johannes Paul II. wurde jedoch von zwei Seiten geschützt, sodass der friedliche Verlauf dieser apostolischen Reise diskret abgesichert war. Diese Reise ist dank der Live-Übertragungen im Fernsehen und durch die Berichterstattung in vielen Nachrichtensendungen in aller Welt bis heute allgemein in Erinnerung geblieben.

Syrien, Mai 2001

Am 7. März 2001 erschien im *Corriere della Sera* ein Artikel, der sich damit befasste, wie Wojtyła den Fundamentalismus herausforderte, unter dem Titel „Dieser Papst fürchtet nicht den Islam". Darin war u. a. zu lesen: „Obwohl der Papst die Konflikte und Verfolgungen vom Sudan bis nach Indonesien durchaus vor Augen hat, setzt er auf den Dialog. Ja, jetzt können wir einander sagen, dass auch ein Papst in einer Omaijaden-Moschee beten kann, die ursprünglich eine christliche Basilika war." Wenige Wochen zuvor hatte Johannes Paul II. zu den Bischöfen aus der Türkei gesagt, die ihn über die Gefahr einer geplanten islamistischen Invasion informierten: „Macht weiter im Bemühen, Gelegenheiten zum Dialog zu schaffen." Nein, dieser Papst fürchtete nicht den Islam.

So besuchte der Papst während seines Besuchs in Syrien die Omaijaden-Moschee: Er zog seine Schuhe aus zum Zeichen des Respekts und um sich dieser muslimischen Sitte anzupassen. Er besuchte in dieser Moschee das Grab von Johannes dem Täufer und lancierte einen Friedensappell, den er mit dem arabischen Wort für Frieden „Salam" nannte. Er wurde von vielen Menschen wie eine Ikone des Friedens für die Welt verehrt.

Utah, 4. Juni 2001

Nach Quellen der Vereinigten Staaten wurde am 4. Juni 2001 in Salt Lake City, der Hauptstadt von Utah, ein pakistanischer Staatsbürger verhaftet, als er aus Arkansas einreiste. In dieser schwierigen Lage entdeckten die Sicherheitsbeamten in seinem Wagen u. a. gefälschte Dokumente. Aufgrund weiterer Ermittlungen und mit Hilfe des FBI stellte sich heraus, dass der Mann aus Pakistan mit der salafitischen Gruppierung um Hassan Hatab in Verbindung stand, die wegen ihrer Aufwiegelungen und ihrer Kampfbereitschaft bekannt ist. Diese Organisation ist algerischen Ursprungs und in Europa sehr aktiv. In Mailand wurden in den ersten Oktobertagen 2001 einige Anhänger festgenommen. Es bestand der Verdacht, dass der verhaftete Pakistani mit einem Netzwerk in Verbindung stand, das den Vatikan treffen wollte.

Ukraine, 23. Juni 2001

Der Papst wurde am 23. Juni in der Ukraine erwartet. Die Behörden waren bemüht, die größtmögliche Sicherheit zu gewährleisten. Der stellvertretende Innenminister Kharlamow sagte: „Wir werden 30.000 Polizisten und Spezialbeamte aufbieten. Es gibt in der Welt zu viele, die sich mit dem Papst beschäftigen und die versuchen, in die Länder hineinzukommen, die er besucht, um dort Terroranschläge zu organisieren. In jedem Fall bekommen wir viele Informationen von Interpol und kooperieren mit internationalen Nachrichtendiensten. Verdächtige Personen werden bei uns bereits an unseren Grenzen zurückgehalten."

Innerhalb der Ukraine wurden in der Zwischenzeit bedeutende Vorsichtsmaßnahmen getroffen, die den Vertretern der katholischen Kirche übertrieben erschienen. Bischof Stanislaw Shirokoradyuk meinte, das Verbot, Schirme dabei zu haben, und die Pflicht, während des Papstbesuchs gegebenenfalls nur transparente Regenjacken zu tragen, stehe im Gegensatz zu dem, was sonst in der Welt normalerweise üblich sei, wo die Menschen zu einer Begegnung mit dem Papst zusammenströmten. Das seien Maßnahmen, von denen abzuraten sei. Die Behörden hatten Flugblätter verbreiten lassen, auf denen die Bevölkerung aufgefordert wurde, zu Hause zu bleiben und während der Vorbeifahrt des Papstes nicht die Fenster zu öffnen. Der Papstbesuch löste viele Kontroversen aus und wurde von der orthodoxen Kirche kritisiert. Für die Feierlichkeiten mit Johannes Paul II. in Kiew und Lemberg, wo die größte katholische Gemeinde der Ukraine lebt, wurden ca. zwei Millionen Menschen erwartet.

Der Papstbesuch lief dann ohne bedeutende Zwischenfälle ab. In Wirklichkeit nämlich war der Terrorismus dabei, nun ganz andere, weitaus monströsere Anschläge vorzubereiten, nur davon wusste die Welt zu diesem Zeitpunkt noch nichts.

Die Sicherheit des Papstes nach dem Attentat auf das World Trade Center in New York

New York, 11. September 2001

Zwei von Selbstmordattentätern gesteuerte Linienmaschinen fliegen in die Twin Towers des World Trade Centers in Manhattan. Bei diesem Anschlag, für den im Nachhinein die Terrororganisation Al Kaida die Verantwortung übernahm, wurden über 3.000 Menschen getötet. Seit jenem Tag hat sich die Welt verändert!

In den Tagen nach den Anschlägen in den Vereinigten Staaten bestätigte eine Quelle des Sicherheitsdienstes der NATO, dass die Extremisten von Al Kaida ungefähr 30 „sensible Ziele“ im Visier hätten, darunter auch „eines von hochrangiger religiöser Bedeutung“.

Kasachstan und Armenien, 22.–27. September 2001

Der Papst schien die Herausforderung anzunehmen. Ihm blieb keine andere Wahl, und es war richtig so.

Die Welt stand noch unter dem Schock der Ereignisse. Die Vereinigten Staaten waren entschlossen, militärisch hart zurückzuschlagen. Eines ihrer ersten Ziele war Afghanistan. Trotz der Kriegsvorbereitungen – in dem äußersten Bemühungen, eine solche Auseinandersetzung abzuwenden – reiste Johannes Paul II. nach Kasachstan, wo er in russischer Sprache seine Appelle für den Frieden und den interreligiösen Dialog an die Öffentlichkeit richtete. Bei dieser Reise sollte die Maschine mit dem Papst vom Flughafen Ciampino bis zum Airport der kasachischen Hauptstadt Astana erstmals im Begleitschutz von Jagdflugzeugen fliegen. Die Sicherheitsvorkehrungen waren diesmal überhaupt ganz außergewöhnlich. Die Maschine des Papstes sollte auf der ganzen Strecke von unterschiedlichen Jagdflugzeugen der verschiedenen Nationen, die jeweils überflogen wurden, begleitet werden, wobei jedes Land im jeweils eigenen Luftraum die Verantwortung hatte. Am Tag vor der Abreise wurde diese Nachricht in der Zeitung La Repubblica bestätigt. Dort war allerdings zu lesen, dass es sich eher um eine Ehreneskorte handeln würde.

Der Vatikan – ein sensibles Ziel

Im Oktober 2001 bestätigte der ehemalige Präsident der USA, Bill Clinton, dass 1995 ein Plan vereitelt wurde, den Papst zu töten. Die Massenhysterie im Zusammenhang mit dem Bojinka-Plan griff nach den Ereignissen des 11. September erneut um sich. Da Bill Clinton jemand war, von dem man wusste, dass er bestens informiert war, reagierte der Vatikan umgehend: 100 Sicherheitskräfte, darunter Polizeibeamte und Carabinieri, übernahmen die Verantwortung für die Sicherheit bei den öffentlichen Audienzen des Papstes auf dem Petersplatz. Das Verhältnis der Sicherheitskräfte zu den herbeigeströmten Gläubigen – im Schnitt etwa 10.000 – war also 1 zu 100. Würde das genügen? Die Entscheidung war Bestandteil des neuen Sicherheitskonzepts, das gleich nach den Angriffen auf die USA erarbeitet worden war und nach der Offensive der Amerikaner gegen Kabul noch weiter verbessert wurde. Schon am 30. September 2001 war der Petersplatz anlässlich der Bischofssynode Hochsicherheitszone; das nahe gelegene

Krankenhaus Santo Spirito war in Alarmbereitschaft. Die Atmosphäre im Vatikan blieb jedoch weiter von Gelassenheit geprägt. Der Zugang zum Gebiet jenseits der Leoninischen Mauern war in der gleichen Weise geregelt wie vorher auch.

Am 10. Oktober berichtete die italienische Presseagentur Ap.Biscom, der Heilige Stuhl sei vom US-Geheimdienst über ein mögliches Attentat auf den Papst informiert worden, das vor seinem Besuch in Syrien, wo er sich im Mai 2001 aufhielt, vereitelt worden sei. Die Aktion war so geplant gewesen, dass eine Selbstmordattentäterin in der Altstadt von Damaskus auf das Papamobil losstürmen sollte. Gleich nach der Explosion sollten Männer, die sich auf beiden Straßenseiten postiert hatten, eventuelle Überlebende niedermetzeln. Laut Ap.Biscom hatte die CIA den Vatikan am Tag vor der Reise darüber informiert, nachdem das Komplott aufgedeckt worden war. Der Heilige Stuhl hatte in Zusammenarbeit mit dem syrischen Geheimdienst umfangreiche Sicherheitsmaßnahmen getroffen.

Am 18. November 2001 lieferte nach Bill Clinton auch Vincent Cannistraro, der ehemalige Chef der Antiterror-Abteilung der CIA und Sonderberater des Pentagon, seine Version über die Zusammenhänge zwischen dem Papst und dem Bojinka-Plan. In einem Interview der Zeitung La Repubblica sagte Cannistraro: „Im Jahre 1995 in Manila bereitete sich Ramzi Yousef, ein Mann vom Terrornetzwerk Al Kaida, der schon am Attentat auf die Zwillingstürme im Jahre 1993 maßgeblich beteiligt gewesen war, darauf vor, den Papst während seines Besuches auf den Philippinen zu töten. In der Wohnung, in der er gewohnt hatte und aus der ihm kurz vor dem Eindringen der philippinischen Polizei die Flucht gelungen war, wurden Straßenkarten der Route sichergestellt, die der Papst fahren würde. Außerdem wurde dort die für das Selbstmordkommando bereitliegende Priesterkleidung gefunden, um in der Menge der Gläubigen nicht aufzufallen, sowie Fernzünder für die Sprengladung, mit der eine Brücke in die Luft gesprengt werden sollte, über die der gepanzerte Wagen mit dem Papst fuhr. Johannes Paul II. war damals ein Ziel – und das blieb er auch. Er wurde als geistlicher Führer jener ‚Kreuzzüge' gesehen, gegen die Osama Bin Laden 1998 seine Fatwa, sein Todesurteil verkündet hatte." Die Beschreibung der Ereignisse seitens Vincent Cannistraro weicht allerdings von den Fakten im Jahre 1995 ab.

Im Laufe dieser Jahre wurde der Bojinka-Plan zu einer verhängnisvollen Tragödie in einer bis dahin nicht gekannten Dimension. Der Begriff Al Kaida wurde nach dem 11. September 2001 zum bekanntesten Markenzeichen des islamistischen Terrorismus. Die These, dass der Papst im Fadenkreuz der Al Kaida stehe, war ungeheuerlich und schürte große Ängste. Der Vatikan jedoch gab nach dem Attentat auf das World Trade Center mehrere Erklärungen heraus, in denen er seine Position darlegte. Der stellvertretende Sprecher des Vatikans, Pater Ciro Benedettini, sagte: „Es liegen keine Belege vor, die die Nachricht eines möglichen Angriffs auf den Petersdom und den Papst stützen würden." Der Vatikansprecher bekräftigte, dass die Apostolischen Nuntiaturen in den arabischen Ländern versichert hätten, die Kanäle für den Dialog mit dem Islam hätten noch festen Bestand. Das Staatssekretariat gab zur Kenntnis, die Beziehungen zwischen den muslimischen Gemeinschaften und der katholischen Kirche seien „gut".

Eine Stimme etwas außerhalb dieser offiziellen Position des Vatikans, der oft sehr kritische, aber meist auch ziemlich weitsichtige Dom Franzoni, meinte: „Bush stellt das Gute dem Bösen gegenüber. Es wäre jedoch weitaus nützlicher, unter den islamischen Reformkräften Vermittler für eine Lösung zu suchen (...). Gegenwärtig kommt der islamistische Extremismus voll zum Ausbruch, doch der interkulturelle

Dialog ist der einzige Weg, um eine Katastrophe zu verhindern. Die Propaganda der Taliban beschreibt einen Vatikan, der so nicht existiert, der im Dienst der Politik der USA stehen würde, und ignoriert dabei die vom Heiligen Stuhl gegenüber dem palästinensischen Volk bekundete Solidarität."

Im Grunde ließ der Vatikan (und nicht nur er allein) erkennen, dass zwischen den dialogbereiten Muslimen und der Diplomatie des Heiligen Stuhls die Theorie einer für den amerikanischen Imperialismus mitverantwortlichen Kirche keine Unterstützung fand. Da der Vatikan an keine Ideologie und keine Nation gebunden ist, widersprach das einfache Pauschalurteil der Fundamentalisten der Klarheit der Fakten. Franzoni sagte weiter: „Die Kirche ist überall präsent und von keiner Macht abhängig. Selbst die politisch weniger engagierten kirchlichen Gemeinschaften lehnen die militärische Intervention in Afghanistan ab. Der Vatikan schreckt, wie die Orthodoxen und die Protestanten, im Geist ökumenischen Miteinanders vor dem Gedanken einer Vergeltungsmaßnahme zurück. Den Frieden baut man nicht mit Waffen auf, sondern indem man der Stimme der Verzweifelten Gehör verleiht, um sie den falschen Versprechungen der Mächtigen zu entziehen."

In jenen Tagen begann Papst Johannes Paul II. persönlich damit, verzweifelte Appelle an die USA zu richten, ihrem Wunsch nach Vergeltung nicht nachzugeben und den Konflikt in Afghanistan zu vermeiden (der ja später dann auch auf den Irak ausgeweitet wurde). Vor dem ersten Angelus-Gebet am Sonntag nach dem 11. September sagte er: „An alle Söhne und Töchter der großen Nation (USA) richte ich auch jetzt meine Gedanken der Trauer und Anteilnahme. Die Gottesmutter empfange die Verstorbenen, tröste die Überlebenden und stehe den Familien bei, die in besonderer Weise betroffen sind." Insbesondere an die Regierenden richtete er diese

Worte: „Sie (Maria) helfe allen, dass sie nicht der Versuchung des Hasses und der Gewalt erliegen, sondern sich im Dienst an der Gerechtigkeit und für den Frieden einsetzen."

Wenn manch einer meinte, die anschließenden kriegerischen Auseinandersetzungen als Kreuzzug deuten zu müssen, in den Erklärungen des Papstes und des Vatikans fand er dafür gewiss keinen Rückhalt. Johannes Paul II. jedenfalls war kein Anführer solcher „Kreuzzüge". Auf den 11. September der Gewalttäter und auf den Krieg gegen Afghanistan (der mit den Bombardierungen am 7. Oktober begann) antwortete der Papst mit ganz anderen Argumenten.

Assisi, 24. Januar 2002

An diesem Tag hatten sich 31 christliche Delegationen und 200 Vertreter elf anderer Religionen, darunter die Muslime in der ersten Reihe, im Namen der Verbundenheit mit Gott und der Menschen untereinander in der Stadt des hl. Franziskus versammelt. Johannes Paul II. sagte dort u. a.: „Die Finsternis vertreibt man nicht mit Waffengewalt; die Finsternis weicht, wenn man helle Lichter anzündet."

An jenem Tag fuhr vom vatikanischen Bahnhof aus ein Friedenszug los: sieben Waggons mit 250 Reisenden. Wie bereits beim interreligiösen Friedenskongress in Assisi im Jahre 1986 wurden Leitworte geprägt: die Ursachen für den Terrorismus ausmerzen, zur gegenseitigen Achtung unter den Anhängern von Religionen und unterschiedlichen Völkern erziehen und die Kultur des Dialogs fördern.

Seit vielen Jahren war der Papst nicht mehr mit dem Zug gereist. Das letzte Mal, im November 1979, hatte er sich mit dem Zug zum Depot der Staatlichen Eisenbahnen nach Roma-Salario begeben, um dort zum Tag der Eisenbahner eine Messe zu feiern. Seither hatte der Zug mit der Aufschrift

„Staat Vatikanstadt“ am Prenestino-Park auf seinen nächsten Einsatz gewartet.

Für die neue Zusammenkunft in Assisi mussten natürlich entsprechende Sicherheitsvorkehrungen getroffen werden. Spürhunde und Hunderte von Sicherheitsbeamten der Bahnpolizei bewachten den Bahnhof am Petersdom. In den Tagen vor der Abreise nach Assisi wurden die sieben Waggons einer genauen Kontrolle unterzogen und ständig überwacht. Während der Fahrt vom Vatikan nach Assisi fuhren dem Zug zwei getarnte Züge mit 50 Sicherheitskräften voraus. Aber der ganze Aufwand lohnte sich, denn die Friedensbotschaft von Assisi verbreitete sich in der ganzen Welt. Vielen wurde bewusst, dass die Vernunft und die politischen Mittel ganz eindeutig nicht ausreichen, um den Frieden aufzubauen. In Assisi wurde die Antwort sichtbar, die seitens der Religionen gegeben wurde.

Bulgarien, Mai 2002

Johannes Paul II. war 82 Jahre alt, als er sich im Mai 2002 nach Bulgarien aufmachte. Es war sein erster Besuch in diesem Land. Er unternahm diese Reise auch, um endgültig die offenen Fragen nach dem Attentat 1981 aus der Welt zu schaffen; ferner war ihm ganz besonders daran gelegen, die Aussöhnung mit der Orthodoxen Kirche voranzubringen und ihr für ihren Widerstand gegen den Kommunismus in den Jahrzehnten größter Finsternis seinen Dank abzustatten. Der bulgarische Staatspräsident Georgi Parvanow empfing ihn mit einem eindrucksvollen Sicherheitssystem: 27.000 Mann waren im Einsatz, um zu gewährleisten, dass alles friedlich verlaufen konnte. Beachtlich!

Der Gesundheitszustand des Papstes verschlechterte sich zusehends. Beim Aussteigen aus dem Flugzeug musste man ihm mit einem kleinen Lastenheber helfen. Er konnte sich nicht mehr herunterbeugen und küsste den bulgarischen Boden nicht. Nach dem Begrüßungszeremoniell flog er im Hubschrauber weiter. Er war auf dem Rückweg von einem Besuch in Aserbaidshan, wo ein Mann auf Krücken versucht hatte, ihn zu umarmen. Dieser Mann wollte lediglich ein gemeinsames Foto mit dem Papst, doch er hatte dadurch Verwirrung und Schrecken ausgelöst.

Kanada, Juli 2002

Im Juli 2002 war Johannes Paul II. zum Weltjugendtag in Kanada. Für die Sicherheitsleute war es eine Woche voller Ängste. Bei seinem ersten Kanadabesuch im Jahre 1984 war er mit den üblichen Sicherheitsvorkehrungen empfangen worden. Doch die Nachwirkungen des 11. September waren in ganz Nordamerika noch immer deutlich spürbar, sodass die Behörden ein ganzes Jahr lang an den Plänen für die Sicherheit geschmiedet hatten. Die Hauptverantwortung lag bei der Royal Canadian Mounted Police, den berühmten Rotjacken zu Pferd. Sie waren die Schutzengel, die dem Papst überall folgten. In Kanada gab es hinsichtlich der Sicherheit eine Neuerung: Jeder der 300.000 Pilger trug einen Ausweis bei sich, auf dem seine personenbezogenen Daten registriert waren, ferner die Organisation oder Pfarrgemeinde, der er angehörte, und zu welchen Veranstaltungen er in den Tagen Zutritt hatte. Wenn jemand ohne diesen Ausweis angetroffen wurde, musste er den Ort sofort verlassen. Der frühere Chef des kanadischen Geheimdienstes sagte, dass man in in Wirklichkeit mit keinem Plan beziehungsweise Informationssystem absoluten Schutz gewährleisten könne. Das größte Problem bleibe immer ein verrückter Einzeltäter, der morgens aufsteht und sich sagt, das sei der richtige Tag, um die Religion in ihrer institutionellen Form zu treffen. In jedem Falle waren in Kanada auch unter den Pilgern Hunderte von Sicherheitskräften in Zivil.

Aus den Akten der CIA

Im Oktober 2002 kam aus den Geheimarchiven der CIA ein „Dossier Wojtyła" an die Öffentlichkeit. In einem der Berichte, die für Präsident Carter im Jahre 1978 angefertigt worden waren, ist zu lesen, dass das Weiße Haus die Auswirkungen der Wahl Wojtyłas zum Papst in Polen und in der UdSSR mit größter Aufmerksamkeit verfolgte. Unter anderem heißt es da: „Durch den polnischen Papst verstärkten sich die Bestrebungen der Länder im Osten Europas, sich von Moskau zu lösen." Das ist heute ja alles bekannt. In späteren Berichten ist die Rede von Präsident Reagan, dem bewusst wurde, welche Rolle der Papst im Kalten Krieg spielen könnte, und deshalb einen eigenen Botschafter beim Heiligen Stuhl entsandte, was man bisher jahrzehntelang vernachlässigt hatte. Dieser Botschafter, William Wilson, hatte den Auftrag, den Papst über die politische Strategie des Weißen Hauses hinsichtlich Polen zu informieren. Auch Robert Gates, der zunächst Sicherheitsberater und später Direktor der CIA wurde, war an der Vorbereitung der Berichte über Polen und die UdSSR für den Papst beteiligt und überreichte ihm einige davon persönlich. Der Vatikan und die USA bewegten sich auf zwei parallelen Gleisen, wobei sie sich gegenseitig Informationen zuspielten, aber keinen gemeinsamen Plan erarbeiteten. Die beiden Strategien waren insofern kompatibel, da sie das gleiche Ziel hatten: ein demokratisches Polen.

Diese Sache hatte zwar keine unmittelbaren Auswirkungen auf die Sicherheit des Papstes, doch sie zeigt sehr deutlich, dass es in der langen Geschichte zwischen der CIA und dem

Vatikan recht unterschiedliche Etappen gab. War man in den gemeinsamen politischen Zielsetzungen damals weitgehend einer Meinung, so ging der Vatikan später, als es um die so genannten Präventivkriege der USA gegen Afghanistan und den Irak als Antwort auf den internationalen Terrorismus ging, strikt auf Distanz.

Verhaften Sie ihn – das ist Mr. Bojinka-Plan!

Anfang März 2003 wurde eine gute Nachricht verbreitet: Man hatte Khalid Scheich Mohammed in der pakistanischen Stadt Rawalpindi festgenommen, ohne dass auch nur ein Schuss abgegeben wurde. Er wurde von amerikanischen Agenten und Leuten des pakistanischen Geheimdienstes in seiner Wohnung überrascht. Was war das für ein Mann? Er war einer an der Spitze der Al Kaida im Umfeld von Osama Bin Laden. Am ersten Anschlag auf das World Trade Center 1993 war er organisatorisch beteiligt gewesen, ferner an den Anschlägen auf die amerikanischen Botschaften in Kenia und Tansania sowie auf den US-Zerstörer im Jemen. Am 10. September 2001 hatte er noch mit Mohammed Atta telefoniert, der als Kopf der Todespiloten bezeichnet wird. Khalid Scheich Mohammed persönlich soll das endgültige Okay für den Anschlag auf das World Trade Center gegeben haben.

Für den Autor dieses Buches ist er der Hauptverantwortliche für den Bojinka-Plan, der Mann, der schon 1995 in Manila plante, den Papst zu töten, und der nach Angaben der US-Geheimdienste nie aufhörte, diesen Plan zu verfolgen. Für Präsident Bush war diese Festnahme ein großer Erfolg, aber auch im Vatikan dürfte manch einer aufgeatmet haben. Khalid Scheich Mohammed wurde ausgeliefert, wahrscheinlich in die Vereinigten Staaten oder nach Guantanamo oder anderswohin. Über seinen Verbleib weiß man seitdem nichts mehr.

Die Grenzen eines Friedensvermittlers

Am 7. März 2003 präsentierte Hans Blix dem Sicherheitsrat der Vereinten Nationen seinen Bericht zu den Überprüfungen im Irak. Hatte sich Saddam Hussein an die UN-Resolution 1441 gehalten? Die westlichen Länder waren zum Teil der Meinung, dies sei nicht der Fall, andere waren in der Frage für ein halbherziges Ja. Bush und Blair läuteten in jedem Fall den Countdown ein. Das war zwölf Tage vor Beginn der Kriegshandlungen. Der Papst vertrat eine eigene Position. In der Vergangenheit hatte er sich enttäuscht gezeigt über den Krieg im Kosovo, der von der NATO beschlossen worden war. Er befürwortete hingegen militärisches Eingreifen und war damit auf der gleichen Linie mit den Entscheidungen der UNO. Manch einer stellt sich hier die Frage: Gibt es zwei Reiche? Der spirituell und humanitär orientierte Vatikan und der Glaspalast der Vereinten Nationen, die sich der militärisch und technisch hochgerüsteten und finanziell gut ausgestatteten Achse London / Washington entgegenstellen? Besteht da eine Konkurrenz? Nein, denn es sei daran erinnert, dass Johannes Paul II. nach dem 11. September seine Solidarität mit Bushs Amerika gegen die islamistische Subversion mit allem Nachdruck bekundet hatte, im Namen des Rechts, die Aggressoren zu entwaffnen. Nun gut, was aber bedeutete für Papst Wojtyła das Wort Frieden?

Condoleeza Rice entfachte die Polemik: „Ich verstehe die Position des Papstes nicht!“, ließ sie wissen. Wojtyła war von einigen Medien vorschnell zur Ikone des Pazifismus erhoben worden. Ihm wurde nun vorgeworfen, er lasse sich – ohne es zu wollen – auf das Katz-und-Maus-Spiel von Saddam Hussein ein. Bush jedenfalls sagte, die Erklärungen des Papstes hätten keinen Einfluss auf die Entscheidung für den Krieg gehabt. In der Vergangenheit hätte eine solche Situation zu einem Schisma führen können. Und alle Kirchenspaltungen haben von den Päpsten immer einen hohen Tribut an Leid mit sich gebracht. Da meldete sich Angelo Sodano zu Wort, der Kardinalstaatssekretär des Papstes, der sozusagen der Premierminister des Heiligen Stuhls ist: Der Papst „ist kein Pazifist um jeden Preis. In einer Notlage steht auch er zum Recht auf Verteidigung. Er ist jedoch ein Friedensvermittler, weil er sich dafür einsetzt, dass Konflikte gar nicht erst entstehen".

Der Krieg hatte jedoch bereits begonnen: Am 19. März kündigte Bush den Militäreinsatz im Irak an. Der Heilige Stuhl wies darauf hin, dass die alle Nationen vertretende Institution, die Vereinten Nationen, der eigentliche Ort seien, wo die Lösung dieser Spannungen gesucht werden müsse. Offiziell wurden die Kriegshandlungen am 1. Mai eingestellt. Doch dann begann eine schreckliche und schier endlose Nachkriegszeit im Irak. Das gegenseitige Inakzeptanz steht noch immer im Raum und hat bereits Tausende von Menschenleben gefordert.

Kroatien, Mai 2003

Es waren fünf Tage in feuchtheißem Klima vergangen. Der Papst litt unter der Parkinson-Krankheit und hatte Schmerzen am Knie. Die ungewöhnliche Hitzewelle hatte bereits zwei Todesopfer gefordert, und etwa 150 Personen mussten in Krankenhäuser eingeliefert werden, aber Johannes Paul II. war da! Er wankte auch nicht, als zwei kroatische Nachrichtenagenturen eine E-Mail von einem bosnischen Absender erhielten mit dem Betreff: „Botschaft an die Ungläubigen". In dem Text wurden Drohungen ausgesprochen, den Papst im Namen Allahs in Kroatien zu töten. Es hatte so den Anschein, als ob man in der Umgebung des

Papstes mittlerweile an solche Meldungen gewöhnt war. Der Pressesprecher des Vatikans Navarro-Valls jedenfalls kommentierte die Meldung so: „Es kommt nicht selten vor, dass während der Reisen des Papstes ein Alarm ausgelöst wird und Hinweise auf mögliche Attentatsversuche kommen. Die Glaubwürdigkeit solcher Botschaften ist oft zweifelhaft, oder sie sind komplett aus der Luft gegriffen." Unterm Strich kann man die darin zum Ausdruck kommende Gelassenheit und Nervenstärke nur bewundern. Eigentlich verdient sie höchsten Respekt. Darin schwingt jedoch auch ein beharrliches Tabu mit, das man in folgendem Satz zusammenfassen kann: Worüber man nicht sprechen kann, darüber sollte man besser schweigen. – Doch in welchem Maße und wann ist es besser zu schweigen?

Vatikan, März 2004

Für die Geheimdienste, die Medien und die Verantwortlichen der italienischen Polizei war es sicherlich nicht die Zeit zum Schweigen. Im März 2004, kurz vor dem Osterfest, wurde ein Alarm ausgelöst, wie er so bislang noch nicht vorgekommen war. Nach den Anschlägen auf die Züge in Madrid herrschte in der Öffentlichkeit eine gewisse Hysterie. Im Vatikan und auf dem Petersdom wurden alle Sicherheitsmaßnahmen verstärkt. Für den Papst, wenn er oben von seinem Fenster im dritten Stock zu den Gläubigen auf dem Petersplatz sprach, wurde ein transparentes schusssicheres Lesepult angeschafft. Die CIA hatte dazu geraten, er solle während der Feiern auf dem Petersplatz und bei allen Anlässen, wo er mit größeren Menschenmengen in Kontakt kam, eine schusssichere Weste tragen. Der Papst lehnte dies ab. Erneut sagte Navarro-Valls dazu, dass es keinen konkreten Alarm gebe und dass es beim Heiligen Stuhl immer üblich gewesen sei, Fragen bezüglich der Sicherheit des Papstes nicht zu kommentieren, egal ob diese auf tatsächlichen oder mutmaßlichen Nachrichten gründen würden.

In jenen Tagen schrieb ein Journalist in der Zeitung *La Repubblica:* „Tatsache ist, dass die Schweizer Garde nach Angaben verschiedener Quellen für den äußersten Ernstfall heimlich mit Schnellfeuergewehren ausgerüstet wurde, die weitaus effektiver sind als ihre so schön zur Choreografie passenden Hellebarden."

In solchen extremen Situationen war und ist die Angelegenheit immer einem kleinen Personenkreis anvertraut, und zwar den verantwortlichen Leitern der Eskorte sowie denen, die für den Einsatz auf italienischem Territorium zuständig sind. Ja, es ist an der Zeit, diese Personen selbst einmal zu Wort kommen zu lassen, um zu hören, welche persönlichen Erfahrungen sie als Schutzengel des Papstes in den letzten Jahren gemacht haben.

Persönliche Zeugnisse von Verantwortlichen der Sicherheitskräfte im Vatikan

Enrico Marinelli
Ehemaliger Leiter der Inspektion für Öffentliche Sicherheit im Vatikan

Ich begann meine Laufbahn 1956 bei der Polizei in Norditalien und wurde 1966 nach Rom versetzt. 1978 erlebte ich dort sozusagen hautnah eine der furchtbarsten Tragödien des Terrorismus in Italien: die Entführung und Ermordung des Spitzenpolitikers der Democrazia Cristiana Aldo Moro durch die Roten Brigaden. Es waren die Jahre des heißen Terrors in Italien. Viele im Lande lebten in Angst und Schrecken. Unsere Arbeit war hart. Ich wurde 1985 Polizeichef und Leiter der Inspektion für Öffentliche Sicherheit im Vatikan. Damit ging ein Berufswunsch in Erfüllung, den ich seit meiner Jugend gehegt hatte. Meine Aufgabe war es, den Papst zu schützen, wenn er das vatikanische Staatsgebiet verließ und italienischen Boden betrat, aber auch auf dem Petersplatz.

Was die Sicherheit von Johannes Paul II. angeht, hatte ich bereits Erfahrungen als Leiter der Polizeibehörde jenes Stadtteils von Rom, der den gesamten Vatikan umgibt. Ein Aspekt der Sicherheit waren die Starts und Landungen des Hubschraubers gewesen, der dem Papst von den italienischen Behörden zur Verfügung gestellt worden war. Bei einer Ortsbesichtigung hatte ich nämlich eine offenkundige, ernste Gefahrenquelle entdeckt und beschlossen einzugreifen. Der

Hubschrauberlandeplatz befindet sich auf dem Gebiet des Vatikanstaates, aber ziemlich nahe an den umgebenden Mauern, ganz in der Nähe des Viale Vaticano. Der Landeplatz liegt also in Sichtweite der Dachterrassen der benachbarten hohen Häuser, was ein Sicherheitsproblem darstellte. Deshalb wurden entsprechende Vorkehrungen getroffen, wenn der Papst den Hubschrauber benutzte. Alle Bewohner und eventuelle Gäste der nahe gelegenen Häuser wurden registriert. Die Zugänge und Dachterrassen der betroffenen Immobilien wurden überwacht. So wurde dieses Sicherheitsproblem schließlich mit Zustimmung der Bewohner in unmittelbarer Nähe des Vatikans gelöst, die in angemessener Weise darüber informiert waren.

Am 1. Mai 1985 übernahm ich meine Aufgabe im Vatikan. Mir wurde sehr bald bewusst, dass zwischen der Theorie der Sicherheit des Papstes und ihrer operativen Realisierung eine beachtliche Lücke klaffte. Die Sicherheitskräfte sollten nämlich das pastorale Wirken, vor allem des Papstes selbst, nicht im Geringsten beeinträchtigen. Johannes Paul II. hat immer eindringlich um einen direkten Kontakt mit der Menge der Gläubigen gebeten und diesen Wunsch auch mit allem Nachdruck geäußert. Die Nachwirkungen des Attentats vom Mai 1981 waren noch spürbar, doch die Sicherheitsmaßnahmen, die danach ergriffen worden waren, mussten ständig verbessert werden, um dem Papst diese Bewegungsfreiheit ermöglichen zu können. Doch das hatte auch Grenzen: Es war nämlich nicht möglich, ihn sozusagen mit einem menschlichen Schutzschild zu umgeben. Deshalb war eine Art „Filtersystem“ notwendig, das geschickt und effizient, aber auch diskret eingesetzt werden sollte. Dies realisierten wir dann in Zusammenarbeit mit den Behörden für Öffentliche Sicherheit, mit den Kommandostellen der Carabinieri und mit den Leuten aus meiner Inspektion.

Foto: © Toni Gentile / Reuters / CORBIS

Camillo Cibin, der „oberste Schutzengel" des Papstes, auf dem Balkon der Gemelli-Klinik während des Krankenhausaufenthaltes von Papst Johannes Paul II. am 4. Februar 2005.

Foto: © Alessandra Benedetti / CORBIS

Papst Benedikt XVI. im Papa-Mobil mit der legendären Autonummer SCV 1 während einer Generalaudienz auf dem Petersplatz.

Foto: © picture-alliance / dpa

Papst Benedikt XVI. empfängt die Schweizer Garde am 6. Mai 2005 nach einer feierlichen Rekrutenvereidigung.

Foto: © picture-alliance / dpa

Papst Benedikt XVI. im gepanzerten Papa-Mobil während seiner ersten Reise zum Eucharistischen Kongress in Bari Ende Mai 2005.

Foto: © Alessandra Benedetti / CORBIS

Eine italienische Polizeipatrouille am Haus „Colonia Les Combes“ im Aosta-Tal, wo der Papst seine ersten Ferien verbringt.

Foto: © picture-alliance / dpa

Sicherheitsvorkehrungen für den Weltjugendtag in Köln 2005. Polizeibeamte und Mitarbeiter der Stadt Köln überprüfen und versiegeln rund um den Dom die Zugänge zur Kanalisation in Vorbereitung auf den Papstbesuch vom 18.–21. August 2005.

So wurden alle Orte, die in Betracht kamen, wenn sich der Papst irgendwohin begab oder wo immer er sich aufhielt, auf Gefahrenquellen hin untersucht und entsprechend gesichert. Das geschah durch Personenkontrollen in konzentrischen Kreisen, die systematisch und konsequent, aber auch zielstrebig durchgeführt wurden. Eine der Methoden, die den Zutritt der Gläubigen zu den Orten, wo sich der Papst aufhielt, sehr beschleunigten, bestand darin, in Abstimmung mit den Organisatoren der verschiedenen Feierlichkeiten für jede Gruppe der teilnehmenden Gläubigen einen „Leiter" ausfindig zu machen, der persönlich jeden aus seiner Gruppe kannte und dessen Identität garantieren konnte.

In jedem Fall musste die Zahl der Sicherheitskräfte erhöht werden. Meine eigene Inspektion war nach meiner Ansicht trotz der schlimmen Ereignisse im Jahr 1981 insgesamt personalmäßig immer noch unterbesetzt, und es mangelte auch an Ausrüstung. Doch die Motivation war sehr hoch, und so wurde ein kompletter Restrukturierungsplan umgesetzt, wodurch das Personal der Inspektion innerhalb eines Jahres um das Dreifache verstärkt wurde. Die polizeiliche Motorradeskorte wurde als Kernmannschaft jetzt für ihren Einsatz nicht mehr jeweils neu zusammengestellt; ebenso war sie während ihres Dienstes im unmittelbaren Schutz des Papstes direkt unserer Polizeiinspektion unterstellt. Dies wurde mit dem italienischen Innenministerium so abgestimmt.

Am ersten Sonntag im Mai 1985 wurde ich dem Papst von Msgr. Cabongo vorgestellt. Cabongo war ein afrikanischer Ordensmann, der zum Bischof geweiht worden war, und Johannes Paul II. hatte sich ihn als zweiten Sekretär erwählt. Er sagte zum Papst: „Heiligkeit, das ist der neue Leiter der Inspektion." Dieser Sonntag war mein 53. Geburtstag, und ich musste an meine verstorbene Mutter denken, die sich sicher gefreut hätte, ihren Sohn in der Gegenwart des Papstes zu sehen, und dass ihr Sohn berufen war, dazu beizutragen, dass dieser in Ruhe leben konnte. Der Papst schaute mir in die Augen, lächelte und legte mir eine Hand auf die Schulter. Ich hatte den Eindruck, als wolle er mich, meine Arbeit und die meiner Mitarbeiter damit segnen. Mir schien, dass er über meine Herkunft, meine Ausbildung und mein Engagement genau informiert war. Außerdem spürte ich, dass er mir von dieser ersten Begegnung an echtes Vertrauen entgegenbrachte, das dann im Laufe der Jahre noch weiter gewachsen ist.

Der Papst brauchte gelegentlich ein paar Stunden, um sich ein wenig in jener Harmonie zu erholen, die nur die unberührte Natur zu geben vermag. Und so zeigte sich dieses Vertrauen mir gegenüber erneut, als ich gefragt wurde, ob der Papst einige Tage in der Bergwelt der Abruzzen verbringen könne. Obwohl eine solche Reise und der Aufenthalt an abgelegenen Orten unter dem Gesichtspunkt der Sicherheit viele Fragezeichen mit sich bringt, erklärte ich mich sofort bereit und besprach mich mit meinen Leuten. Nachdem alles sorgfältig geplant war, fuhren wir in zwei Wagen inkognito und ohne jedes Aufsehen los. Wir waren überzeugt, dass dieser Ausflug möglich war ohne Aufmarsch von Sicherheitsmannschaften und ohne die für das Gebiet zuständigen Polizeiorgane zu bemühen. Unser Rückhalt war dabei die absolute Diskretion und Geheimhaltung. Es war einer der ersten privaten Ausflüge des Papstes aus dem Vatikan nach dem Attentat. Ich hatte den Eindruck, dass er seiner Gesundheit sehr zuträglich war. Durch diese Aktion gewann ich sein Vertrauen und auch das seiner engsten Mitarbeiter.

Ich glaube, dass solche Erfahrungen mit vielem anderen, was in den Jahren danach passierte, mit dazu beigetragen haben, dass der Papst mit Gelassenheit und innerer Ruhe der Menschenmenge ganz nahe sein konnte, der er auf dem Petersplatz und in den verschiedenen Diözesen Italiens, die er besuchte, begegnete.

Über die besonderen Anlässe hinaus gab es natürlich die gewöhnlichen Fahrten in die Stadt. In seinem Amt als Bischof von Rom besuchte der Papst vom Oktober bis zum Mai römische Pfarreien. Diese Besuche wurden jeweils am vorhergehenden Mittwoch ausführlich besprochen. An den Besprechungen nahmen ein Vertreter des Päpstlichen Hauses, der Leiter des vatikanischen Wachkorps, der Polizeichef, die Verantwortlichen der Carabinieri, der Stadtpolizei und aller anderen betroffenen Behörden teil. Es wurden jeweils sorgfältige Ortsbesichtigungen durchgeführt, um die Sicherheitsmaßnahmen am Vortag des Besuchs zu planen. Der Papst wurde in dem bekannten Mercedes mit dem Kennzeichen SCV1 gefahren, ihm voraus fuhr ein Wagen der Inspektion, und im Wagen hinter dem Mercedes saß ich. Wenn eine Gefahr signalisiert wurde, wichen wir sofort auf vorher geplante Alternativrouten aus. Ein Problem war nicht selten die rechtzeitige Rückkehr in den Vatikan einige Minuten vor 12 Uhr, weil sich der Papst an Sonntagen mittags gewöhnlich am Fenster seines Arbeitszimmers zeigt, um gemeinsam mit den Gläubigen den Angelus zu beten. Nicht selten kam es bei den Besuchen zu Verzögerungen, weil er beispielsweise noch Kinder, Kranke und Behinderte segnete und mit ihnen sprach. Manchmal blieben uns vom Stadtrand bis zum Vatikan mit eingeschalteten Sirenen nur ein paar Minuten Zeit.

Johannes Paul II. liebte die Berge. Er beschloss deshalb, von 1987 an jedes Jahr einen Kurzurlaub im Hochgebirge zu verbringen. Das geschah in den folgenden Jahren stets in der zweiten Julihälfte. Der Papst verbrachte diese Zeit immer in einer sehr bescheidenen Unterkunft in der Umgebung von Wäldern und im Grünen, in Cadore in den Dolomiten oder im Aosta-Tal. Im ersten Jahr reiste er nach Cadore und war in Lorenzago, wo er in einem Haus Unterkunft fand, das ihm die Diözese Treviso zur Verfügung gestellt hatte. Das Haus befand sich an einem abgelegenen Ort, mit all den Vor- und Nachteilen, die so etwas mit sich bringt. Wir ließen in einigen hundert Metern rings um das Haus eine Umzäunung errichten, überwachten die Wege und Pfade und sorgten für die nötige Beleuchtung bei Nacht. Etwa 70 Sicherheitskräfte waren damals im Einsatz. Sie verrichteten ihre Arbeit so diskret, dass der Papst erst am Ende seines zwölftägigen Aufenthalts davon erfuhr. Als ich ihm auf eine Frage von seiner Seite darüber berichtete, bat er mich, allen, die diesen Dienst getan hatten, einen besonderen Gruß und Dank auszurichten. Ich dankte ihm meinerseits. Er übergab mir bei der Gelegenheit ein persönliches Schreiben an die Verantwortlichen der Sicherheitskräfte, in dem er seine Wertschätzung für die Diskretion, die sie ihm hatten zuteil werden lassen, ausdrückte.

Selbst während solcher Erholungsphasen begann Johannes Paul II., wie es seine Gewohnheit war, nach wenigen Stunden Schlaf seinen „Arbeitstag“ um 5.30 Uhr in der Frühe. Punkt 7 Uhr zelebrierte er die Messe, und gegen neun machte er sich auf die langen Spaziergänge. Mehrere Male habe ich ihn dabei begleitet. Ich war ihm zur Seite, um Gefahren vorzubeugen und sie zu meiden; dabei hatte ich Gelegenheit, mit ihm zu sprechen. Auch in solchen Ruhezeiten führte er ein spartanisches Leben, sein inneres Engagement und seine Gedanken waren ganz auf das Wohl der Menschen in der Welt gerichtet. Die Wanderungen endeten abends gegen 19 Uhr. Der Papst kehrte in das Haus zurück und setzte nach dem Abendessen seinen Tag noch im Arbeitszimmer und im Gebet bis in den späten Abend hinein fort.

Nachdem wir uns längere Zeit kannten, begann er nach mir zu schauen, wenn er mich nicht sofort in der Eskorte erblickt hatte, und fragte: „Wo ist mein General?“ So nannte er mich auch, als ich zum Polizeipräfekten ernannt wurde. Er wusste sehr wohl, dass wir, die wir mit seiner Sicherheit beauftragt waren, im Ernstfall bereit waren, unser Leben zu geben, um seines zu retten.

Gerardo Centanni
Inspektor für Öffentliche Sicherheit der italienischen Eskorte

Zu den Aufgaben im Kommissariat von San Lorenzo, wo ich früher einmal Dienst tat, hatte auch der Sicherheitsdienst gehört, wenn der Papst alljährlich an Allerheiligen den römischen Friedhof Verano besuchte, wo eine feierliche Zeremonie für die Verstorbenen stattfand. Seitens der staatlichen Polizei war ich dabei für die Sicherheit verantwortlich. Einige Tage vorher wurden in einer Besprechung mit der Polizeiinspektion im Vatikan die notwendigen Sicherheitsmaßnahmen besprochen. Ich organisierte alles mit großer Sorgfalt und höchster Aufmerksamkeit, wobei ich auch meine Kollegen und die anderen Sicherheitskräfte entsprechend motivierte. So warteten wir jeweils am 1. November auf den Heiligen Vater. In San Lorenzo versammelte sich aus diesem Anlass immer eine große Menschenmenge, 10.000 oder auch manchmal 20.000 Personen. Die Anspannung war erheblich und begann sich erst zu lösen, wenn wir über Funk endlich hörten, dass die Fahrzeugkolonne mit dem Papst in der Nähe des Friedhofs angekommen war.

Kurz darauf war der Papst in einem Wagen zu sehen, dessen Verdeck heruntergeklappt war. Er wurde auf beiden Seiten von jubelnden Menschen empfangen, deren Begeisterung und Freude hier und da schon fast hysterische Züge hatte. Was mir in dieser überbordenden Jubelstimmung allerdings auffiel, war jene Gruppe von Männern, die das Auto mit dem Papst ringsum zu Fuß eskortierten. Es waren gut aussehende junge Männer mit athletischem Körperbau in dunklen Anzügen, unter denen wohl nur ein geschultes Auge deren Dienstwaffe erkennen konnte. Mit ihren ernsten Gesichtern verschafften sie sich wachsam nach allen Seiten blickend Respekt. Sie waren im Karree um den Wagen postiert: Vorne machten zwei den Weg frei und blickten achtsam in die Menschenmenge, um jede außergewöhnliche Bewegung wahrzunehmen und sofort reagieren zu können; weitere vier liefen seitlich an den vier Ecken um das Auto verteilt, wobei sie sich zur Orientierung mit einer Hand an der Karosserie des Wagens festhielten, um immer genau auf ihrer Position zu bleiben. Zwei weitere Personenschützer liefen wenige Meter hinter dem Auto nach rückwärts gewandt, um die Menge im Auge zu behalten, an der das Auto gerade vorbeigefahren war. Das waren nur acht Männer, doch sie schienen mir wie ein lebendes Schutzschild. Als ich sie sah, kam in mir der Wunsch auf, selbst zu dieser Eskorte zu gehören und diesem für mich damals schon heiligmäßigen Mann zu dienen. Diese Idee, Personenschützer des Heiligen Vaters zu werden, ließ mir keine Ruhe. Ich hatte 15 Jahre Berufserfahrung, eine gründliche Ausbildung hinter mir und war hoch motiviert. Zu meiner Ausbildung hatte auch der operative Personenschutz gehört. Diese Materie hatte mich besonders interessiert, und außerdem hatte ich viel darüber gelesen. Doch wie konnte ich meinen Traum verwirklichen?

In der Vergangenheit war für mich – aus menschlicher Sicht – der Kontakt mit Dr. Enrico Marinelli als berufliches Vorbild sehr wichtig gewesen. Ich lernte Marinelli als

Vorgesetzten im 2. Polizeibezirk kennen. Er hatte den Ruf eines hart durchgreifenden und unbeugsamen Ordnungshüters. Seine Aufgaben versah er mit Ernst und Professionalität, er kümmerte sich aber auch um die Probleme seiner ihm untergebenen Beamten. Hinsichtlich der Arbeit war er jedoch kompromisslos, zugleich durchaus aufgeschlossen, immer wieder neue Instrumente und Techniken einzusetzen, um die Sicherheit im Ergebnis zu verbessern. Er honorierte Einsatz und Professionalität, mangelnde Disziplin oder gar Faulheit unter seinen Leuten tolerierte er nicht.

Im Jahre 1986, als Dr. Marinelli bereits Leiter der Polizeiinspektion im Vatikan war, rief er mich eines Tages an. Ganz direkt und präzise, wie es seit jeher seine Art war, fragte er mich, ob ich bei ihm arbeiten wolle, denn er brauche eine Gruppe von Männern, auf die er sich absolut verlassen könne. Ich empfand diese Anfrage als hohe Auszeichnung, auf die ich stolz war, doch ich gab ihm eine Absage. Mit Bedauern lehnte ich sein Angebot ab, weil mein Privatleben in der damaligen Zeit ziemlich turbulent war. Ich bekam meine persönlichen Probleme jedoch im Laufe der Jahre wieder in den Griff. Als ich 1998 gerade zum Oberinspektor ernannt worden war, erhielt ich erneut einen Anruf von Dr. Marinelli, ob ich nicht zu ihm kommen wolle – und ich sagte mit Freude zu.

Am 19. März 1999 trat ich meinen Dienst an in der Generalinspektion für Öffentliche Sicherheit im Vatikan. Ich wurde von einem Beamten begrüßt, der mich freundlich empfing und zu mir sagte: „Als Polizeibeamter haben Sie einen ausgezeichneten Ruf, aber der Dienst hier ist etwas ganz anderes; deshalb befassen Sie sich mal hiermit ...“, und dabei drückte mir einen Wälzer in die Hand: das Konkordat zwischen dem italienischen Staat und der Katholischen Kirche. Ich bedankte mich für das Kompliment und sagte ihm, dass ich den Text lesen würde. Damit begann meine neue Berufstätigkeit.

Meine Aufgabe bestand darin, nicht nur die Sicherheit des Vatikans selbst zu gewährleisten, sondern auch die der vielen Gläubigen und Touristen, die Tag für Tag kommen. Wo sich viele Menschen versammeln und aufhalten, da finden sich auch Betrüger, Taschendiebe und sonstige Leute ein, die es mit den Gesetzen nicht so genau nehmen. Werden solche Personen vom Wachkorps des Vatikans gefasst, dann werden sie uns, der italienischen Polizei überstellt und kommen gegebenenfalls vor ein italienisches Gericht, so wie es im Artikel 23 des Konkordats vereinbart ist. Die mit diesen Aufgaben betrauten Beamten sind die gleichen, die auch den von mir koordinierten Personenschutz für den Heiligen Vater übernehmen. Im Jahre 1999 hatte Johannes Paul II. seine Fahrten in die Stadt allerdings schon weitgehend eingeschränkt, da er in den beiden Jahrzehnten vorher bereits fast alle römischen Pfarrgemeinden persönlich besucht hatte.

Der Weltjugendtag 2000 in Rom

Wer dieses Großereignis in Tor Vergata am 19. August 2000 nicht persönlich erlebt hat, kann sich kaum eine Vorstellung davon machen. Es war eine Begegnung von Jugendlichen aus aller Welt mit Johannes Paul II. Diese Megaveranstaltung stellte selbst das Kult-Festival von Woodstock 1969 in den Schatten. Von der Anhöhe des Hügels aus, wo die große Tribüne mit dem Altar aufgebaut war, blickte man auf eine riesige Menschenmenge, die sich wie ein Ameisenhaufen bewegte. Von dort oben war die Zufahrt, auf der das Papamobil kommen sollte, in den Menschenmassen kaum noch zu erkennen. Wenn man sich mitten unter den vielen Jugendlichen bewegte, spürte man deutlich ihre Freude und Begeisterung, eine überaus festliche Stimmung in jugendlicher Unbefangenheit. Johannes Paul war der Papst der Jugend, für sie war er das Symbol für den Frieden in der Welt und für das Leben. Jetzt kam er zu ihnen. Die Begeisterung unter den Jugendlichen erreichte Ausmaße, dass ich begann, mir Sorgen zu machen. Es war geplant, dass der Papst im Papamobil durch die Menge der vielen jungen Leute hin und her gefahren werden sollte, damit alle ihn sehen konnten.

Eine solch große begeisterte Menschenmenge ist in puncto Sicherheit nicht unproblematisch. Wie immer bewegten sich auch diese Jugendlichen von hier nach dort, um möglichst gut sehen zu können. Solche „Wellenbewegungen" in Menschenmengen können gefährlich werden für alle Beteiligten selbst, sind aber auch ein Risiko im Blick auf Personen, die sich in diesem Wirrwarr gut verbergen können und Böses im Schilde führen. An den Zugängen waren zwar Personenkontrollen erfolgt, aber was plötzlich in einem menschlichen Gehirn vor sich gehen kann, hat niemand unter Kontrolle. Für uns Sicherheitsleute sind das Extremsituationen.

Am Nachmittag bei der Ankunft des Papstes erreichte der Enthusiasmus der Jugendlichen seinen Höhepunkt: Alle wollten am liebsten alles aus nächster Nähe erleben. Der Weg, den das Papamobil durch die Menge fahren sollte, war fast drei Kilometer lang, sodass auch die eskortierenden Personenschützer extrem gefordert waren. Wir hatten dieses Problem vorher bedacht und unterwegs Ersatzstaffeln zum Wechseln bereitgestellt, um die Aufmerksamkeit und Sicherheit immer auf möglichst hohem Niveau halten zu können. Als das Papamobil ankam, wurde mir klar, dass jetzt alles Mögliche passieren konnte, denn solche Menschenmengen sind letztlich nicht dirigierbar. Wir Personenschützer hatten alle

Hände voll zu tun, um Jugendliche zurückzuhalten, die in ihrer Unbekümmertheit offenbar zu jedem Risiko bereit waren, um den Papst berühren zu können – und das war so auf der gesamten Strecke durch die Menge.

Wir müssen wohl einen besonderen Schutz des Himmels gehabt haben, als wir – reichlich erschöpft, aber froh, dass nichts passiert war – mit dem Papamobil endlich vor der Tribüne mit dem Altar ankamen. Allerdings war ja der Tag noch nicht zu Ende. Sehr bald wurde uns klar, dass die riesige Menge von Jugendlichen auch während der Zeremonie nicht einfach ruhig dastehen und zusehen würde. Es war, als hätten sie gewettet, wer von ihnen es schaffen würde, oben auf die Tribüne zum Papst zu gelangen. Und so rannten sie wie Hasen, bald dieser, bald jener, auf die Tribüne los und mussten zurückgehalten werden. Ich selbst habe, glaube ich, an die 50 Jugendliche so abwehren müssen, und ebenso meine Kollegen, die an den Stufen unten postiert waren. Im Laufe des langen Abends mit Tänzen und Darbietungen von Jugendlichen aus allen Teilen der Welt schaffte es nur einer, bis ganz oben auf die Bühne zu kommen. Wie er das schaffte, wissen wir bis heute nicht. Es war ein sehr eigenartiger Augenblick: Wir sahen, dass er plötzlich wie aus dem Nichts wenige Meter vor dem Papst auftauchte. Sekundenlang hielten wir den Atem an, doch Johannes Paul II. löste die Spannung, indem er diesen Jugendlichen mit großer Zuneigung in seine Arme schloss. Danach begleiteten wir ihn wieder nach unten. Die freudige und friedliche Stimmung an diesem Abend war unbeschreiblich. Der Papst genoss sie sichtlich, indem er selbst immer wieder seine Arme und Hände im Rhythmus der Lieder mitbewegte. In dem ganzen Kontext waren diese „Wettrennen“ auf die Tribüne für die Jugendlichen wahrscheinlich wie ein Spiel. Gegen 1 Uhr nachts war die Feier zu Ende.

Am nächsten Morgen gegen 9 Uhr kam Johannes Paul II. noch einmal nach Tor Vergata zur Feier der Messe, aber diesmal im Hubschrauber, der auf einer Wiese einige Hundert Meter vom Altar entfernt landete, den er auch für den Weg zurück in den Vatikan benutzte. Erst am nächsten Tag verließen die letzten Jugendlichen den weitläufigen Platz.

Palmsonntag 2004

Die Sicherheit auf dem Petersplatz obliegt normalerweise der Zuständigkeit des italienischen Staates, bei feierlichen Zeremonien jedoch verfügt der Vatikan über den gesamten Platz. Dabei arbeiten die italienischen Sicherheitskräfte mit dem Wachkorps des Vatikans zusammen. Wir waren in Alarmbereitschaft: Es hatte konkrete Hinweise auf einen möglichen terroristischen Anschlag auf Italien generell und im Besonderen auf den Papst gegeben. Diese Gefahr lag bereits seit Wochen in der Luft, und deshalb wurden die Sicherheitsvorkehrungen noch weiter verschärft.

Am Palmsonntag wollte der Papst auf dem Petersplatz eine Messe feiern und die Gläubigen durch die Menge fahrend grüßen. Ich war von 7 Uhr morgens an bei der Arbeit und beobachtete die großen und kleinen Gruppen, aber vor allem auch einzelne Personen, die langsam den Platz füllten: rings um mich ein Stimmen- und Sprachengewirr, Jugendliche, Männer und Frauen aller Rassen, Fahnen, Spruchbänder, Taschen, Rucksäcke und Schirme. Zum Angelus-Gebet um 12 Uhr sollten nach den Vorhersagen ca. 80.000 Menschen auf dem Petersplatz sein. Im Einsatz waren 650 Sicherheitskräfte, die mit Funkgeräten verbunden waren. Der Alarm war diesmal von internationalen Nachrichtendiensten ausgelöst worden. Man hatte dem Papst empfohlen, eine schusssichere Weste zu tragen. Die meisten Sicherheitsbeamten waren in Uniform. Ich und meine Leute waren zivil gekleidet. Das Wetter war unbeständig. Hin und wieder kam die Sonne durch und leuchtete über diesem eindrucksvollen Szenario, um bald wieder hinter den Wolken zu verschwinden. Es fielen auch einige Tropfen Regen.

Der Palmsonntag ist immer ein besonderer Tag mit einer Prozession durch die Menge, an der sich Kardinäle und Bischöfe beteiligen. Unter dem großen Baldachin über den Treppenstufen sollte Johannes Paul II. sie erwarten. Gegen 10.30 Uhr kam der Papst nach draußen. Das ist immer ein Moment, in dem in der Menge freudiger Jubel aufbricht, aber gleichwohl gefährlich, weil man in solchen Situationen der Begeisterung leicht etwas übersieht. Wir sind ja mit Funkgeräten ausgestattet, sodass die Leute sehr bald merken, welche Aufgabe wir haben. Sie fühlen sich dadurch normalerweise nicht gestört und quittieren es meist schweigend mit einem Lächeln. Es ist ja unsere Aufgabe, zu Ruhe und Ordnung und so auch zu ihrer Sicherheit beizutragen.

Am Ende der Zeremonie nach dem Angelus-Gebet sah ich, dass der Papst das Papamobil bestieg. Ich wusste, dass er trotz der alarmierenden Meldungen auf die Fahrt durch die Menge nicht verzichten wollte. Das schusssichere Glas war heruntergelassen, weil der Papst den direkten Kontakt mit den Gläubigen wollte. In solchen Momenten liegt die Sicherheit des Papstes ganz in den Händen der ihn begleitenden Personenschützer: ein Sicherheitskordon rings um das Auto mit acht Polizeibeamten, die bereit sind, mit ihrem Leben einzustehen. Der Lärmpegel auf dem gesamten Platz stieg erheblich. Das sind für uns Momente höchster Anspannung, in denen jeder von uns ganz allein und auf sich gestellt ist, aber jeder an seinem Platz. Die Spannung in mir löste sich erst, als ich sah, dass sich das Papamobil im Schritttempo in Richtung Glockenturmbogen auf der linken

Seite des Petersdoms auf die Einfahrt in den Vatikan hin bewegte. Auch diesmal war wieder alles gut gegangen.

Via Crucis – Karfreitag 2004

Auf der Via dei Fori Imperiali war alles für den traditionellen Kreuzweg vorbereitet. Die Sicherheitskräfte im gesamten Umfeld des Kolosseums waren im Vergleich zu früheren Jahren erheblich verstärkt worden. Die Linienbusse wurden auf andere Routen umgeleitet und die U-Bahn-Stationen in der Nähe geschlossen. All diese Maßnahmen waren gerechtfertigt, weil wegen akuter Terrorwarnungen höchste Alarmstufe herrschte. Diese Karfreitagsliturgie im Kolosseum, die immer in den Abendstunden stattfindet, ist vom Sicherheitsaspekt her ohnehin sehr risikoreich. Seit einigen Jahren bereits konnte Johannes Paul II. die Stationen des Kreuzweges nicht mehr zu Fuß abschreiten. Er war mit dem Papamobil angekommen, das auf der Fahrt wie üblich von unseren Personenschützern, die alle im Alter zwischen 30 und 40 Jahren sind, eskortiert wurde. Der Papst nahm auf einer Terrasse im Kolosseum oberhalb der Via dei Fori Imperiali unter einem Baldachin Platz.

Als ich eintraf, waren im Kolosseum bereits viele Menschen, die dichtgedrängt alle zur Verfügung stehenden Sektoren für die Gläubigen füllten. Im Unterschied zu den Vorjahren allerdings standen draußen keine Personen, die keinen Zutritt gefunden hatten. Das war ein merkwürdiges Zeichen. Natürlich waren alle Teilnehmer an den Zugängen vorher kontrolliert worden. Zehn Beamte nahmen in einigen Metern Abstand rings um den Papst Aufstellung. Ganz in der Nähe war eine Tribüne für die Journalisten und Korrespondenten errichtet, die sich ebenfalls alle einer genauen Kontrolle hatten unterziehen müssen.

Etwa anderthalb Stunden lang führte Kardinal Ruini die Prozession an, die verschiedenen Stationen des Kreuzwegs betend, bis sie schließlich dort ankamen, wo der Heilige Vater war. Kurz vor Schluss machte ich mich mit einer Gruppe von Kollegen auf den Rückweg, um die Kontrollen bei der Rückfahrt in den Vatikan zu verstärken. Dort auf dem menschenleeren Petersplatz, der um die Uhrzeit geschlossen ist, war alles ruhig. Als dann der Fahrzeugkonvoi mit dem Papst an mir vorbeifuhr, schaute ich nach ihm und hatte den Eindruck, dass er ganz ruhig und gelassen war. Mit einem kurzen Handwinken grüßte er uns alle, als er an uns vorbeifuhr. Danach spürten auch wir in uns etwas von dieser Ruhe und Gelassenheit. Die Freude und Erleichterung, die wir selbst empfanden, belohnte uns für den Stress an diesem langen Tag.

Ostern 2004

Ich war noch ziemlich müde von den Anstrengungen am Karfreitag, wurde aber schon um 5.30 Uhr wach und war in Gedanken gleich bei dem, was mich an diesem Ostermorgen auf dem Petersplatz erwarten würde. Das nach meinem Empfinden schon fast neurotische Gerede in den Medien über einen möglichen Terroranschlag auf den Vatikan war auch an mir nicht spurlos abgeglitten. Außerdem war es der 11. April, und es gab ja schon die Terroranschläge am 11. September und dann am 11. März in Madrid; zudem fiel dieses Osterfest genau mit dem jüdischen Paschafest zusammen, was eher selten der Fall ist. Ostern 2004 war deshalb ein ganz besonderer Tag für einen wie mich, der beruflich für die Sicherheit auf dem Petersplatz verantwortlich ist.

Gegen 7 Uhr war ich an meinem Arbeitsplatz. Nach einer Besprechung wurde die eine Seite der Kolonnaden mit Sicherheitskräften verstärkt, weil wir den Eindruck hatten, dass von dort Selbstmordattentäter auf den Petersplatz eindringen könnten. Schon um diese Uhrzeit warteten viele Gläubige auf Einlass zum Petersplatz, der kurz nach 8 Uhr von den vatikanischen Behörden freigegeben wurde. Der Zustrom war massiv und konstant, sodass die Leute vor den Kontrollstellen Schlange stehen mussten, was sie jedoch mit Geduld über sich ergehen ließen.

Ich bemerkte einen Mann mit nackten Füßen, langem Bart und ungepflegtem Äußeren, der in einer der Schlangen wartete. Normalerweise wäre auch das für uns nichts Ungewöhnliches, doch er begann sich unruhig hin und her zu bewegen und zu schreien. Er forderte die Beamten auf, schneller zu machen, und behauptete von sich, er sei Jesus Christus und könne nicht warten: „Ich muss dringend mit dem Papst sprechen. Machen Sie schnell, er wartet auf mich.“ Auch der Umgang mit solchen Personen ist für uns keineswegs außergewöhnlich. Normalerweise sind sie ziemlich harmlos, haben eine andere Wahrnehmung der Realität und sind nicht selten obdachlos und sehr einsame Menschen. Ich sprach ihn an und beruhigte ihn. Er sagte mir, dass er mit dem Zug aus Antwerpen gekommen sei, und zeigte mir seine Fahrkarte. Er gab mir eine Telefonnummer von Angehörigen, mit denen ich telefonierte. Sie sagten mir, dass sie ein solches Verhalten bei ihm noch nicht festgestellt hätten. Schließlich konnte ich ihn und seine Familie beruhigen. Wir brachten ihn in unser Kommissariat, wo er sich ausruhen konnte.

Gegen 10 Uhr war die Aufmerksamkeit auf dem Höhepunkt. Währenddessen waren ständig weiter Gläubige und Touristen auf den Petersplatz geströmt, der jetzt fast komplett mit Menschen gefüllt war. Fernsehsender aus der ganzen Welt hatten ihre Korrespondenten vor Ort, und alle Kontrollstellen waren von Überwachungskameras gesichert. Diese technischen Mittel gehören für uns zur Professionalität ebenso wie das nicht immer diskrete Informationsbedürfnis der Medien. Persönlich empfinde ich oft ein gewisses Unbehagen, wenn ich die vielen Überwachungskameras sehe. Manchmal scheint mir eine Geste wie ein Lächeln oder ein freundlicher Wortwechsel zwischen dem Wachpersonal und den Menschen, die kontrolliert werden, menschlicher und weitaus effektiver.

Um 10.30 Uhr kam Johannes Paul II. laut Protokoll an Bord des eskortierten Papamobils aus dem Glockenturmbogen. Auf dem Platz wurde er von ca. 80.000 Menschen mit lautem Beifall und Rufen begrüßt. Der Papst grüßte mit einem Lächeln zurück. Wie immer sind dies Augenblicke starker Emotionen in der Menge der versammelten Gläubigen; für uns sind es Momente höchster Anspannung, weil sich die Menschenmasse hin und her bewegt, um möglichst gut sehen zu können. Danach begann die Feier der Messe. Unterhalb der Treppenstufen wurden Teile der Sicherheitskräfte zusammengezogen für den Segen Urbi et Orbi um 12 Uhr, wozu noch weitere Menschen auf den Platz strömten, der nun so dichtgedrängt gefüllt war, dass viele nicht mehr auf dem Platz stehen konnten. Auch darauf mussten wir reagieren, indem wir einen neuen Sicherheitskorridor schufen, damit niemand von außen unkontrolliert eindringen konnte. Selbst das wurde von den Menschen akzeptiert, was wir unsererseits angenehm überrascht registrierten. Manchmal können wir solche Maßnahmen erklären, aber nicht immer; doch gewöhnlich werden sie von den Menschen respektiert.

Nach der Zeremonie bestieg der Papst wieder das Papamobil und fuhr begleitet vom Applaus der Menschen durch den Glockenturmbogen zurück in den Vatikan. Der Petersplatz leerte sich langsam. Nur diejenigen, die anschließend noch in den Petersdom wollten, warteten auf dem großen Platz. Für uns war es wirklich ein anstrengender Tag, doch als wir von den Spitzen der italienischen Polizei, die das Ganze live am Fernseher mitverfolgt hatten, ein ausdrückliches Dankkompliment bekamen, empfanden wir das als eine Anerkennung unserer Arbeit, die uns freute und entlohnte.

Die „Schutzengel“ nach Wojtyłas Tod

Schon ab Februar 2005, als man Johannes Paul II. in der Gemelli-Klinik operierte und er fortan – schwerkrank – auf die Teilnahme an Gottesdiensten sowie an öffentlichen Veranstaltungen verzichten musste, wurden die „Schutzengel des Papstes“ praktisch arbeitslos. Streng abgeschirmt im Apostolischen Palast, rang Karol Wojtyła mit dem Tod. Und am 2. April 2005 ist er eben dort verschieden. Die ganze Welt trauerte um das Katholikenoberhaupt.

Aber gerade die – alle Erwartungen übersteigende – breite Anteilnahme der Christen am Tod Johannes Pauls stellte den Sicherheitsapparat des Vatikans sowie die römischen Behörden vor neue Aufgaben. Denn Millionen Pilger und Touristen wollten dem im Petersdom aufgebahrten Papst die letzte Ehre erweisen. Die Folge? Schier endlose Menschenschlangen zum Petersplatz und bis zur Kathedrale, wo die Gläubigen an der – symbolisch von Schweizergardisten „bewachten“ – Bahre vorbeizogen.

Ordnungshüter verhindern „Pilger-Kollaps“

Das Gedränge schuf Risiken. Deshalb Absperrgitter und überall Kontrollen (durch römische Polizisten sowie durch die vatikanischen Gendarmen). Die Zivilschutzbehörde verschickte ein SMS auf die Handys aller Italiener: Wenn Sie nach Rom kommen, benutzen Sie bitte die öffentlichen Verkehrsmittel; die Warteschlange vor dem Petersdom „ist gut organisiert, aber lang“.

Stimmt. Rom erlebte einen beispiellosen Pilgeransturm. In den Tagen bis zur Totenmesse auf dem terrassenartigen Vorplatz von „San Pietro“ nahmen etwa drei Millionen Menschen Abschied vom Heiligen Vater. Die Ordnungshüter verhinderten eine Art „Pilger-Kollaps“. Und der Sicherheitsapparat trug wesentlich dazu bei, dass auch die große Trauerfeier am 8. April – mit prominenten Teilnehmern aus aller Welt, angefangen von US-Präsident Bush – ohne jeden Zwischenfall verlief. Gewiss, auf den Kolonnaden des Petersplatzes und etlichen Terrasen ringsum waren Scharfschützen platziert, um etwaige Terroristen sofort niederzustrecken. Und sowohl Bush wie auch Politpromis aus anderen Ländern hatten sich wie stets „Gorillas“ zum eigenen Schutz mitgebracht. Doch es gab im Grunde keinen „Belagerungszustand“, es herrschte keine Terror-Angst, sondern eine gelassen-feierliche Stimmung.

Das hat viele Beobachter überrascht und den eingesetzten „Schutzengeln“ der Promis (den einheimischen sowie den mitgebrachten) großes Lob eingetragen. Ein an der Trauerfeier teilnehmender deutscher Pilger staunte: „Als Präsident Bush nach Mainz kam, war dort der Teufel los. Übertriebene Sicherheitsvorkehrungen. Sogar die Kanaldeckel auf der Fahrtroute von Bush wurden geprüft, weil sich darunter ja vielleicht ein Terrorist verstecken konnte. Dagegen jetzt in Rom keinerlei Hysterie. Alles sicher, aber ruhig. Großartig.“

Indes, weitab und unbemerkt von den Teilnehmern des Begräbnis-Gottesdienstes gab es doch zwei Stunden lang helle Aufregung – vor allem hoch oben im Luftraum. „Ein über Rom abgefangenes Flugzeug hat vermutlich eine Bombe an Bord“, meldete am Nachmittag des 8. April das italienische Fernsehen RAI. War ein Terroranschlag auf prominente Trauergäste, vielleicht bei deren Abreise geplant? Italienische Kampfjets, so hieß es, hätten eine vom Geheimdienst als sehr verdächtig bezeichnete Maschine abgefangen und sie zur Landung auf dem Militärflughaften Pratica di Mare gezwungen.

Doch eine halbe Stunde später kam die „Entwarnung". In dem Flugzeug habe man doch keine Bombe gefunden, meldete die RAI. Bei der Maschine handle es sich um einen vom Balkan gekommenen Jet, der die kleine madezonische Delegation beim Papstbegräbnis aus Rom abholen solle. Dieser Transport erfolgte denn auch. Und der Sturm im Wasserglas war vorüber.

Bewacht und belagert: Das Konklave

Der vatikanisch-italienische Sicherheitsdienst bekam auch nach der Bestattungsfeier (mit dem Requiem von Kardinal Ratzinger) viel zu tun. Denn nach und nach reisten ja die Kardinäle aus aller Welt an, und in der Sixtinischen Kapelle bereitete man das Konklave vor, die – stets von Geheimnissen umwitterte – Papstwahl. Das brachte einen in der Geschichte beispiellosen Medienzirkus in Gang. 7.000 Journalisten, zum Teil auf eigens errichteten Fernsehstationen auf dem Petersplatz positioniert, verfolgten das Geschehen. Für die Ordnungshüter und „Agenten in Zivil" somit mannigfache neue Aufgaben.

Am 19. April wurde Joseph Kardinal Ratzinger zum neuen Papst gewählt – folglich hatten, wie alle Kleriker der Welt und alle Kurienbeamten, auch die „Schutzengel" im Vatikan sozusagen wieder einen obersten Chef. Benedikt XVI. folgte, anfangs noch zögernd, dem Beispiel seines Vorgängers: Er ging auf die Menschen zu, schüttelte Hände. Er fuhr nicht im gepanzerten „papamobile", sondern im offenen Jeep durch die Menge. Somit mussten die für seine Sicherheit Verantwortlichen stets auf der Hut sein.

Auch Mönche bespitzelten den Wojtyła-Papst

Benedikt XVI. war erst wenige Tage im Amt, als Enthüllungen aus Warschau Schlagzeilen machten: Aus einem Dossier des „Instituts für Nationale Erinnerung“ (Ipn) sickerte durch, dass Johannes Paul II. jahrelang vom kommunistischen Geheimdienst seines Heimatlandes, dem SB, bespitzelt wurde – und zwar ausgerechnet durch einen polnischen Priester. Dieser Kleriker, der Dominikaner Konrad S. Hejmo, lebte ab 1979 in Rom, zunächst angeblich als Student, dann als Betreuer polnischer Pilger. Ein dickes Dossier im Ipn belastet den Pater. Dessen Ordens-Vorgesetzter in Polen sagte nach Einsichtnahme in den Bericht: „Das Material über Pater Hejmo ist schrecklich und überzeugend.“

Wie übermittelte der mutmaßliche Spion seine Informationen nach Warschau? Nun, laut der Zeitung *Repubblica*, die den Dominikaner in Rom interviewte, lief die Sache so: In den Achtzigerjahren, als in Warschau die Kommunisten regierten und dem antikommunistischen Papst misstrauten, kam damals mehrfach ein (inzwischen verstorbener) „in Deutschland lebender, mit Priestern befreundeter Pole“ nach Rom und sprach mit Hejmo. „Ich redete und er nahm alles auf Tonband auf.“ Angeblich will der Pater nicht gewusst haben, dass die Tonbänder dann an den SB gelangten. Laut dem Warschauer Rundfunk jedoch soll Hejmo auf 20 Quittungen dem Geheimdienst den Empfang von Geld bestätigt haben.

Noch intensiver wohl als Pater Hejmo hat ein deutscher Ordensmann den polnischen Papst bespitzelt: Der (inzwischen verstorbene) Benediktiner Eugen Brammertz. Der Mönch, heißt es in einem neuen Vatikanbuch, „war eine der rätselhaftesten Gestalten in der Reihe der Spione, die im Laufe des 20. Jahrhunderts versucht haben, die ‚Festung‘ Vatikan im Auftrag einer fremden Macht zu knacken“.

Als überzeugter Sozialist war Brammertz schon in den 50er-Jahren in Westdeutschland als Spitzel für die DDR tätig. Später wechselte er nach Rom, als Mitarbeiter bei der deutschsprachigen Ausgabe des Vatikanblattes „Osservatore Romano". Damit hatte er vorab Einblick in Vatikan-Dokumente. Außerdem hatte er zahlreiche Bekannte an der Kurie, die ihm vertrauliche Informationen steckten. Brammertz wohnte unauffällig in der römischen Benediktinerabtei Sant´ Anselmo. In seiner Mönchszelle versteckte er ein Funkgerät, mit dem er seine Berichte nach Ostberlin durchgab. Nach der Wahl des polnischen Pontifex wurde Brammertz erst recht aktiv. So liegt im Stasi-Archiv angeblich ein vornehmlich von ihm stammendes Dossier über Johannes Paul II.: Der neue Papst sei gefährlich, weil er mit seiner Einforderung der Menschenrechte den Sozialismus in Frage stelle.

Die Fälle Hejmo und Brammertz belegen ein Problem des vatikanischen Sicherheitsapparates in den ersten 12 Jahren des Wojtyła-Pontifikates: Der polnische Papst erschien den „roten Regimen" des Ostblocks so verdächtig, dass sie ihn auf vielen Wegen ausspionierten. Etwa über Agenten in ihren römischen Botschaften oder (wie beschrieben) über dubiose Kleriker. Gegen diese Spione waren die „Schutzengel des Papstes" machtlos. Was man ihnen nicht zum Vorwurf machen kann.

Seit dem Sturz der kommunistischen Regime im Ostblock hat sich die Lage grundlegend geändert. Der Nachfolger Johannes Pauls II. sagt sich vielleicht mit Genugtuung, dass er keine Spitzel zu befürchten habe. Dennoch: Spione im Bannkreis des Petersdoms gibt es vermutlich auch weiterhin. Der Vatikan ist einfach gar zu interessant und geheimnisvoll ...

„Ich schwöre, dem Papst treu zu dienen“

Der traditionsreichste, bei Pilgern bekannteste Teil der „Papst-Schützer“ und der vatikanischen Ordnungshüter ist natürlich die Schweizergarde. Daher wurde in Rom viel beachtet, dass Benedikt XVI. am 6. Mai 2005 den 30 neuen Rekruten der „Svizzeri“ (samt ihren Angehörigen) eine Privataudienz gewährte und dabei eine bemerkenswerte Ansprache hielt. „Ihr begleitet“, so der neue Papst, „den Nachfolger Petri auf Schritt und Tritt und garantiert in bewährter Weise seinen Schutz, damit er frei von Sorgen um die eigene Sicherheit seinen Dienst ... erfüllen kann. Liebe Freunde, ich freue mich, dass mir die traditionelle Vereidigung der Rekruten Gelegenheit gibt, an euch alle ein Wort der Anerkennung, des Dankes und der Ermutigung zu richten. In dieser Stunde seid ihr meine Gäste im Apostolischen Palast, dem wichtigsten Einsatzort der Garde ...“

Es war ein großer Tag für die kleinste Armee der Welt. Wenige Stunden nach der Audienz Vereidigung der 30 Rekruten – also jener Hellebardiere, die während der vergangenen 12 Monate in die 110-köpfige Garde eingetreten waren. Sie leisteten den Eid in den Sprachen ihrer engeren Heimat: 25 in Deutsch, drei in Französisch, einer in Italienisch und einer in Rätoromanisch.

Die vom Gardekaplan vorgelesene Eidesformel lautete: „Ich schwöre, treu, redlich und ehrenhaft zu dienen dem regierenden Papst Benedikt XVI. und seinen rechtmäßigen Nachfolgern, bereit, selbst mein Leben für sie hinzugeben.“ Dann traten die Rekruten vor und erklärten (die Linke auf die vatikanische Fahne gelegt und die Rechte zum Eid erhoben): „Ich schwöre, alles das, was mir soeben vorgelesen wurde, gewissenhaft zu halten. So wahr mir Gott und seine Heiligen helfen.“ Nächstes Jahr übrigens feiert die Päpstliche

Schweizergarde ihr 500jähriges Bestehen. Dann wird sie Rückblick und Ausblick halten.

Der Bodyguard von Papst Benedikt

Im Schulterschluss mit den „Svizzeri“ sorgt die Gendarmerie für die Sicherheit des Heiligen Vaters sowie für Sicherheit und Zivilschutz im Stadtstaat Vatikan. Wer aber steht an der Spitze der „Gendarmeria“? Der Cavaliere Camillo Cibin, wahrhaft ein Original. Denn er ist schließlich 81 Jahre alt – aber beneidenswert drahtig und durchtrainiert. Seit 42 Jahren schon kümmert er sich an vorderster Front um die Sicherheit der Katholikenführer. Er diente also unter drei Päpsten – und jetzt dient er unter dem vierten, Benedikt XVI. „Ich bin so etwas wie der Schutzengel des Papstes“, sagt er.

An der Seite von Johannes Paul II., der so viel unterwegs und dabei ständig in Kontakt mit der Menschenmenge war, musste Cibin ganz besonders „aufpassen“. Am 13. Mai 1982, genau ein Jahr nach dem Attentat in Rom, rettete er Karol Wojtyła in Fatima das Leben. Denn dort stürzte sich ein Mann in Priestersoutane – mit einem langen Bajonett und dem Ruf „Nieder mit dem Papst, das Zweite Vatikankonzil soll sterben“ – auf den Pontifex. Cibin konnte den Verrückten abwehren und niederwerfen. Bei dem Angreifer, stellte sich dann heraus, handelte es sich um den spanischen Priester Juan F. Krohn, einen fanatischen Integralisten.

Ein Jahr zuvor, beim Anschlag des Türken Ali Agca auf dem Petersplatz, war allerdings auch Camillo Cibin machtlos. „Die Kugel kam ganz hoch, über unsere Köpfe hinweg.“ Johannes Paul II., weiß man, überlebte damals nur knapp. Er wusste: Die Sicherheitsbeamten traf keine Schuld. Eine absolute, 100prozentige Sicherheit für diesen so mobilen Papst gab es eben nicht. Camillo Cibin, der sich fit hält und noch nicht an

Ruhestand denkt, wird demnächst wohl Benedikt XVI. beim Weltjugendtag in Köln beschützen. Ein „Gorilla“? Nein, solche Worte benützt man im hehren Kreis um den Heiligen Vater nicht. Eher schon Bodyguard, Leibwächter. Und wer Cibins offizielle Position genau wissen will, kann im Päpstlichen Jahrbuch nachsehen. Da stehts schwarz auf weiß: „Cavaliere Cibin Camillo, Direktor der Sicherheitsdienste im Staat der Vatikanstadt.“ Italiens Medien formulieren es einfacher: Cibin ist „der oberste Schutzengel des Papstes“.

Der Terrormonat Juli 2005

Etwa ein Jahr nach den schweren islamistischen Terroranschlägen in Madrid kam es in London und Sharm el Sheikh zu einer Serie von schweren Attentaten. In diesem Zusammenhang verdichteten sich auch Vermutungen über eventuelle Anschläge in Rom oder einer anderen Stadt Italiens, da Italien als ein weiterer Verbündeter der USA als Zielscheibe des islamistischen Terrornetzwerkes galt.

Noch am 24. Juni anlässlich des Staatsbesuches beim italienischen Präsidenten fuhr Papst Benedikt mit einem offenen Wagen durch die Stadt. Jetzt wird in Aussicht gestellt, dass der Papst, selbst bei den Generalaudienzen auf dem Petersplatz, wieder im Papa-Mobil mit geschütztem Panzerglas durch die Pilgermassen fahren wird.

In seinem Angelus-Gebet am Sonntag nach dem ersten schweren Terroranschlag in London drückte Papst Benedikt XVI. seinen tiefen Schmerz für die Opfer der Anschläge aus und sprach: „Wir beten für die Todesopfer, für die Verletzten und für ihre Angehörigen, aber wir beten auch für die Attentäter: der Herr möchte ihre Herzen berühren. Allen, die Hassgefühle schüren oder solche abscheulichen Terrorakte verüben, rufe ich zu: Gott liebt das Leben, das er geschaffen hat, nicht den Tod. Haltet ein, im Namen Gottes!“

Dass auch der Papst Zielscheibe eines Anschlages werden könnte, veranlasste die Verantwortlichen im Vatikan, auch noch einmal intensiv über Sicherheitsaspekte während seines Urlaubes im oberitalienischen Aosta-Tal nachzudenken. Die italienischen Sicherheitskräfte stuften den Papst als ein besonders „empfindliches“, mögliches Ziel eines Terroranschlages ein. Aldo Armellin, der vom Bischof der Diözese Aosta für die Sicherheit beauftragte Pfarrer, bestätigte offiziell, dass über 200 Sicherheitsleute von der Polizei, Carabinieri, Finanzpolizei, Forstschutzpolizei und auch Mitglieder des Zivilschutzes für die Sicherheit des Papstes im Urlaub verantwortlich sind. Diese Überwachung wird aber diskret und wenig sichtbar sein, dafür jedoch umso intensiver.

Der Weltjugendtag – Das Mega-Event und die Sicherheit

Eine der größten religiösen Massenveranstaltungen in der Geschichte Europas, der Weltjugendtag im August 2005 in Köln, steht ganz im Zeichen der ersten Auslandsreise von Papst Benedikt XVI. Gerade in Anbetracht der Terroranschläge in London und Ägypten musste der Sicherheitsaspekt für diese Veranstaltung noch einmal neu überdacht werden. Der Papstbesuch wurde in die höchste Sicherheitsstufe entsprechend eines G8-Gipfels eingestuft. 4.000 deutsche Polizisten und Polizeikräfte aus Ländern wie Portugal, Polen, Frankreich und Spanien, aus denen die meisten Pilger nach Deutschland kommen werden, sind für die Tage im August nach Deutschland beordert worden. Schon Wochen vor dem Weltjugendtag liefen die Sicherheitsvorbereitungen auf Hochtouren, und das Sicherheitskonzept für das Jugendtreffen wurde gebilligt. Dazu sagte Wolfgang Boys, Sprecher im nordrhein-westfälischen Ministerium: „Wir wollen einen offenen Weltjugendtag haben. Wir sind eine offene, tolerante Gesellschaft, und da muss man natürlich genau die Balance finden zwischen Sicherheit und Freiheit.“

Bereits nach dem Eintritt der Papstmaschine in den deutschen Luftraum will die Bundeswehr den Gast mit vier Kampfjets zum Flughafen Köln-Bonn eskortieren – eine Sicherheitsmaßnahme, die sonst als militärische Ehrenbezeugung nur hochrangigen Staatsgästen zuteil wird. Rund um die Uhr überwacht wird der Luftraum ab dem 18. August von Awacs-Maschinen der NATO, die mit ihrer Radartechnik aus 10.000 Metern Höhe ein Gebiet von 32.000 Quadratkilometern abdecken und tief fliegende Flugzeuge erfassen können.

Deutschlandweit werden alle Einheiten des Katastrophenschutzes in Alarmbereitschaft versetzt. Zu den 80 Einzelveranstaltungen des Weltjugendtages werden 8.000 Priester, 750 Bischöfe und über 800.000 Pilger erwartet. Ebenso müssen die Menschen in Köln mit vielen Taschenkontrollen rechnen, denn ausgerechnet Rucksäcke, die Zeichen der Pilgerschaft sein sollten und über 500.000 Mal an alle Teilnehmer verteilt werden, sind ein Risiko, denn nach den Anschlägen in London sind Rucksäcke auch Werkzeuge des Terrors geworden. Mehr als 4.000 Beamte, 3.000 Sicherheitsleute und Hundertschaften von Feuerwehr und Rettungsdiensten werden während des Weltjugendtages im Einsatz sein. Der Kölner Polizeipräsident Klaus Steffenhagen sagte im Vorfeld: „Durch die Terroranschläge in London sind wir zusätzlich in hohem Maße sensibilisiert. Es gibt aber zurzeit keine aktuellen Hinweise auf eine Gefährdung.“ Zu Lande, im Wasser und in der Luft wird die Sicherheit des Papstes und der Pilger gewährleistet, sagte der Einsatzleiter der Kölner

Polizei, Dieter Fliegner. So wird der Sicherheitsbereich rund um die erzbischöfliche Residenz besonders kontrolliert. Es werden alle Kanaldeckel zugeschweißt und versiegelt, genauso Postkästen. Mit Tauchern wird das Rheinufer auf der Route des Papstschiffes während der Prozession abgesucht. Es wird während der Tage Einschränkungen des Schiffs-, Luft- und des Autoverkehrs geben und Abschnitte der Autobahn zwischen Köln und Bonn werden vollständig gesperrt. Außerdem werden rund um den Kölner Dom die Straßen für den Autoverkehr gesperrt, um den Pilgern den Zugang zu erleichtern.

Geschützt wird der Papst von Beamten des Bundeskriminalamtes sowie von seinen Schweizer Gardisten, die statt Ihrer bunten Uniformen Anzüge tragen werden. Der Papst wird mit einem gepanzerten Papa-Mobil, bei dem sich aber die Fenster öffnen lassen, durch die Pilgermassen fahren. Das Papa-Mobil wird direkt aus dem Vatikan nach Köln eingeflogen. Renato Boccardo, der Reisemarschall des neuen Papstes, sagte in einem Interview auf die Frage, ob sich bei den Sicherheitsvorkehrungen bei der Fahrt mit dem Papa-Mobil etwas ändern wird: „Nein, wir werden nichts verändern. Der Papst wird neben seiner Limousine das Papa-Mobil mit geschlossenem Glasaufbau benutzen, das war vorher schon klar. Johannes Paul II. mochte das nicht, er ließ immer die Fenster öffnen. 2002 beim Weltjugendtag in Toronto fuhr er so durch die Menge, die Sicherheitsleute kamen ganz aufgeregt auf mich zu. Aber was soll ich sagen, wenn er es so wollte? So etwas entschied der Papst allein."

Ein Eintrag ins Guinessbuch der Rekorde ist für die Beschallung, die auch einen großen Beitrag zum Sicherheitskonzept für die Abschlussmesse auf dem Marienfeld liefern wird, geplant. So wird ein Beschallungssystem installiert, bei dem etwa 100 jeweils 10 Meter hohe Tontürme auf dem gesamten Feld aufgestellt werden. So kann man noch im hintersten Winkel die Stimme des Papstes hören, und über dieses Beschallungssystem können auch wichtige Notfalldurchsagen so realisiert werden, dass es zu keiner Massenpanik kommt.

Der deutsche Terrorismusexperte Rolf Tophoven vom Essener Institut für Terrorismusforschung und Sicherheitspolitik schätzte die Lage vor dem Weltjugendtag wie folgt ein: „Ein terroristischer Anschlag aus Sicht militanter Moslems ist eher unwahrscheinlich. Denn das hat taktische Gründe aus der Perspektive der Terroristen, denn dadurch würden sie auch in arabisch-muslimischen Staaten unter ihren Anhängern die letzten Sympathien verlieren. Es ist nämlich doch ein Unterschied, ob ich Staaten – symbolisiert in den Anschlägen vom 11. September 2001 auf die Twin Towers – angreife oder ein religiöses Fest, wo Hunderttausende junge Menschen als Pilger friedlich zusammen kommen. Vor diesem Hintergrund wären also Bomben auch aus der Perspektive der terroristischen politischen Ideologie kontraproduktiv."

Matthias Kopp, der Sprecher des Weltjugendtages, sagte auf einer Pressekonferenz im Vorfeld des Großereignisses in Köln: „Der Papst steht für den Dialog mit dem Islam, er taugt nicht zur Zielscheibe des Hasses."